MONTRÉAL ON FOOT

WITH
NICOLAS RUEL
PHOTOGRAPHER

THE **PLATEAU** AND THE MILE END

Sgräff

4

6

8

32

48

MARCHER MONTRÉAL

AVEC

NICOLAS RUEL

PHOTOGRAPHE

LE PLATEAU
ET LE MILE END

Sgräff

4

6

8

32

48

AVANT-PROPOS

INTRODUCTION

S'il est un secteur de Montréal qui attire l'attention, c'est bien lui ! La vie de quartier y est des plus animées avec ses restos, ses écoles, ses communautés culturelles ✱, ses épiceries, ses parcs, ses ruelles et… ses innombrables escaliers extérieurs. C'est ce qui me séduit chaque jour depuis maintenant près de deux décennies.

AVANT-PROPOS

Au fil des pages de ce guide, je vous propose de me suivre pour découvrir les endroits et les gens qui font mon bonheur au quotidien. Je vous offre trois balades qui ratissent l'ensemble du territoire du Plateau. Une première gravite autour de l'avenue du Mont-Royal et du parc La Fontaine ; une deuxième nous amène plus à l'ouest jusqu'au parc Jeanne-Mance ; et une troisième conduit nos pas jusqu'au Mile End, ce quartier dans un quartier.

Mon goût pour tout ce qui est beau et bon teinte fortement ce guide. Pour chacune des balades, j'inclus donc les bars et restos auxquels je suis resté fidèle avec le passage des années, en plus des petites épiceries où je vous promets d'heureuses découvertes. Vous trouverez également certaines notes historiques ou anecdotiques en lien avec des rues ou des portions de l'arrondissement. Il va sans dire que, puisque je suis photographe, je me suis promené avec mon appareil-photo afin de croquer des parcelles de vie du quartier. Toutes les photos de ce livre sont d'ailleurs de mon cru. C'est ma vision de mon quartier.

Ces promenades à pied s'inscrivent parfaitement dans l'esprit du Plateau, qui privilégie la marche et le vélo comme moyens de déplacement. Ce guide vous fournit d'ailleurs les détails relatifs aux stations de métro, aux arrêts d'autobus et aux stations Bixi (service de vélo libre-service) présents sur le territoire.

Ce livre vous fera vivre le Plateau autrement, en compagnie de l'être passionné que je suis. Selon votre humeur, les itinéraires proposés peuvent être rigoureusement suivis au pas, ou encore laisser place à des écarts, guidés par votre soif de découvrir des endroits hors du tracé suggéré. Vous pourrez alors en dévier quelques instants pour mieux y revenir par la suite !

Munissez vos pieds de bonnes chaussures et ouvrez votre esprit au plaisir et à la découverte.

Le Plateau-Mont-Royal

Au début du 19e siècle, la frontière nord de Montréal se situe à la hauteur de l'avenue Duluth. Au-delà s'étendent la campagne et de petites agglomérations qui se transformeront au fil des ans en villages annexés à Montréal pour enfin en devenir des quartiers – parmi lesquels Le Plateau-Mont-Royal que nous connaissons aujourd'hui.

Le Plateau-Mont-Royal est un des quartiers les plus densément peuplés au Canada avec ses 100 000 habitants répartis sur 8 km^2. Au début du 20e siècle, le secteur à l'est de la rue Saint-Denis est habité par des ouvriers, principalement francophones. Quant au secteur ouest, il est constitué en majeure partie de communautés culturelles variées, dont celle des Juifs. Le début du présent siècle voit par ailleurs arriver bon nombre d'immigrants en provenance de France, séduits par le cachet européen du quartier. Il s'agit désormais d'une enclave cossue, et le prix des loyers et

INTRODUCTION

Quand l'éditrice m'a proposé de collaborer à ce guide, j'ai tout de suite senti le plaisir que j'aurais à le faire. Pour moi, c'est un réel bonheur de faire découvrir ce quartier qui m'a accueilli en 1995 pour y implanter mon studio de photo, sur l'avenue du Mont-Royal. Six mois plus tard, je m'établissais sur la rue de Mentana, où j'habite toujours. Si j'ai choisi d'y vivre, c'est beaucoup pour la vie de quartier, mais aussi pour la proximité des autres secteurs de la ville, que ce soit le Mile End, Outremont ou la Petite Italie. De plus, puisque je me promène souvent à vélo, les pistes cyclables comblent largement mes besoins à cet égard.

J'aime l'espace urbain des lieux, son architecture, son mouvement et les moments fugaces de son quotidien. Au cours des dix dernières années, j'ai voyagé à travers une cinquantaine de pays et photographié les grandes capitales du monde dans le cadre du projet *8 secondes*. Aux fins de ce projet, j'ai cristallisé des images citadines sur des plaques d'inox en utilisant une technique de longue exposition (8 secondes) où un soudain pivot de l'appareil me permet de juxtaposer deux plans en une seule image. Mais Montréal reste MA ville. J'aime profondément Montréal. Sa créativité, ses gens de toutes les couleurs, sa montagne, son fleuve et la taille de sa population – pas trop grande, pas trop petite – sont pour moi des atouts indéniables et autant de gages de séduction.

Le Plateau-Mont-Royal est mon port d'attache. J'aime ses grands parcs où je peux pique-niquer; ses épiceries et restos multiethniques qui me font faire le tour du monde; ses habitants amoureux du vélo et sa faune artistique débordante de créativité. J'y reviens toujours avec un grand plaisir qui, j'espère, sera désormais partagé par vous, marcheurs et utilisateurs de ce guide.

BALADE 1
LE CÔTÉ EST :
L'AVENUE DU
MONT-ROYAL, LA RUE
RACHEL ET LE PARC
LA FONTAINE

DÉPART

Métro : station Mont-Royal

ARRIVÉE

À l'angle de l'avenue du Mont-Royal et de la rue Fabre.

Autobus : 97 (direction ouest vers la station de métro Mont-Royal).

Bixi : à l'angle de la rue Chabot et de l'avenue du Mont-Royal.

REPÈRES

NATURE
Parc La Fontaine

ART

Galerie Graff
(cour intérieure)
963, rue Rachel Est

LA VIE DOUCE

Le Boucanier
4475, rue Marquette

Le parvis de la station de **métro Mont-Royal** est notre point de départ. Cet endroit est animé d'un va-et-vient incessant à toute heure du jour et du soir, comme plusieurs points du Plateau, d'ailleurs.

Le **kiosque Mont-Royal**, à quelques mètres de la sortie de métro, propose des produits qui varient au gré des saisons. En été, il se transforme en marché de fruits et légumes; à la fin de l'hiver, on peut s'y procurer des produits de l'érable; et au printemps, on peut y faire provision de plants et de fleurs. C'est en plein air et en pleine ville.

Juste en face, de l'autre côté de la rue, s'élève la **Maison de la culture du Plateau-Mont-Royal**. Abritant une bibliothèque et une salle de spectacle dans un édifice construit en 1895-1896, elle fait la promotion de l'art sous toutes ses formes, mettant ainsi en lumière les artistes du Plateau. Anciennement occupé par le Pensionnat Saint-Basile, ce bâtiment a été construit selon les plans des **architectes Resther, père et fils**. On a d'ailleurs donné leur nom à une rue non loin de là. Son architecture offre un contraste frappant avec celle de la **Caisse populaire Desjardins** sur la gauche,

1
Métro
Mont-Royal

2
Maison de
la culture

3
Caisse populaire
Desjardins

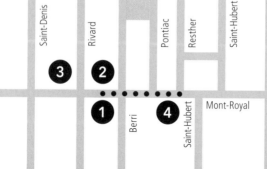

4

Sanctuaire du
Saint-Sacrement

de facture très moderne. Si vous désirez faire un retrait au guichet avant notre balade, allez-y, c'est à deux pas.

En prenant à droite (vers l'est) sur l'avenue du Mont-Royal, on découvre, au numéro 500, **le Sanctuaire du Saint-Sacrement** . Construite entre 1892 et 1894 en pierres provenant de la carrière voisine du Coteau Saint-Louis, cette église a longtemps fait partie de la vie quotidienne des gens du quartier. Pour ma part, je sens régulièrement sa présence grâce à ses cloches, qui retentissent jusque dans ma cour – plus

✱ Le Sanctuaire du Saint-Sacrement

C'est encore selon les plans des architectes Resther, père et fils, qu'a été construit ce bâtiment religieux destiné aux pères de la Congrégation du Saint-Sacrement venus de Paris. Quelques années après son érection, deux ailes seront ajoutées pour accueillir un noviciat de même qu'une résidence pour les prêtres.

particulièrement le dimanche, quand tout est silencieux aux alentours.

De l'autre côté de la rue, au numéro 701, le restaurant **Les Folies** s'enorgueillit d'une des rares terrasses permanentes du coin. Bonne bouffe, bon service, bonne musique, bon DJ… J'y retourne régulièrement depuis des années. Les lève-tard seront heureux d'apprendre que le service du déjeuner s'y prolonge jusqu'en milieu d'après-midi, et ce, tous les jours. Situé à proximité du métro, il s'agit d'un point de rencontre idéal.

Les pignons dont se coiffent ce bâtiment et d'autres de ce secteur soulignent une fois de plus le contraste d'une architecture ancienne avec les formes

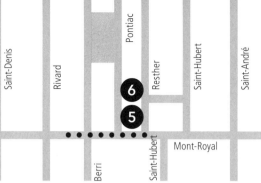

Saint-Denis

Rivard

Pontiac

Resther

Saint-Hubert

Saint-André

⑥

⑤

Berri

Saint-Hubert

Mont-Royal

plus linéaires des devantures de boutique.

Libraires et disquaires d'occasion font aussi partie du paysage du Plateau. Au 713, **L'Échange** propose des livres, des CD, des DVD et des jeux de console usagés. Il s'agit d'un commerce établi de longue date, et on peut y faire des découvertes des plus intéressantes.

Le Plateau

13

7

Flocon espresso

8

Petits gâteaux

9

Misto

10

4455,
rue Saint-Hubert

Un peu plus loin de l'autre côté de la rue, au 781, entrons chez **Flocon espresso** *, mon endroit favori pour un bon café à deux pas de chez moi. C'est tout petit, mais on peut tout de même s'asseoir pour savourer son élixir en compagnie d'un bon livre ou de son ordinateur. Sinon, on peut toujours emporter son café, comme le font la plupart des gens.

Pour continuer de se gâter, il suffit de franchir le seuil de la boutique voisine, **Petits gâteaux**, soit un des premiers établissements du genre à s'installer à Montréal, il y a quelques années déjà. Le « petit gâteau », ou cupcake, y est toujours frais du jour. Allez! Vous brûlerez l'excès de calories ingérées en marchant!

Au 929 nous attend le **Misto**, un restaurant qui a marqué l'avenue du Mont-Royal et l'un des premiers commerces branchés qui définissent aujourd'hui ce coin de quartier. J'aime bien m'y arrêter dire bonjour aux employés – toujours les mêmes! – et y refaire le monde à toute heure.

Revenons sur nos pas pour enfiler la rue Saint-Hubert à gauche afin

 Flocon espresso

Je suis grand amateur de café. Dans chaque ville que je visite, j'aime dénicher le meilleur endroit pour déguster un bon café (mon pays de prédilection à ce chapitre est l'Italie). La toute dernière tendance est le fait de gens passionnés de café qui utilisent des machines hautement spécialisées. Torréfaction, goût, température : rien n'est

de voir de plus près des **maisons caractéristiques de Montréal**, avec leurs escaliers extérieurs en bois flanqués de rampes en fer forgé. Ces habitations ont été construites au début du siècle par la bourgeoisie francophone. Prenez le temps d'en apprécier tous les détails architecturaux : tourelles, balcons, vitraux, portes ouvragées, ornementations, fenêtres à carreaux, corniches...

Certaines de ces maisons, bien qu'elles semblent faire partie d'un ensemble de bâtiments, ont été **individuellement conçues par des architectes**. On en trouve plusieurs de ce type sur cette rue, construites par des familles ayant les moyens de retenir les services de spécialistes et d'acheter des matériaux de construction de plus grande qualité. Mentionnons que l'exode de la bourgeoisie s'est fait du sud au nord, jusqu'à atteindre l'actuel square Saint-Louis vers 1881. Progressivement, les rues Saint-Denis, Sherbrooke et Cherrier de même que l'avenue Laval ont ainsi accueilli une classe plus aisée. Ce n'est toutefois que vers 1910, à la suite de la vente de terres appartenant à Joseph-Charles-Hubert Lacroix – qui en avait retardé le développement pour qu'elles prennent de la valeur –, que les bourgeois gagnent la rue Saint-Hubert. Ses maisons en font l'une des plus belles rues de la ville, notamment, au **4455**, celle de **Camillien Houde**, ancien maire de Montréal et homme politique actif.

Quant aux escaliers extérieurs, ils font partie de l'identité

LA RUE SAINT-HUBERT

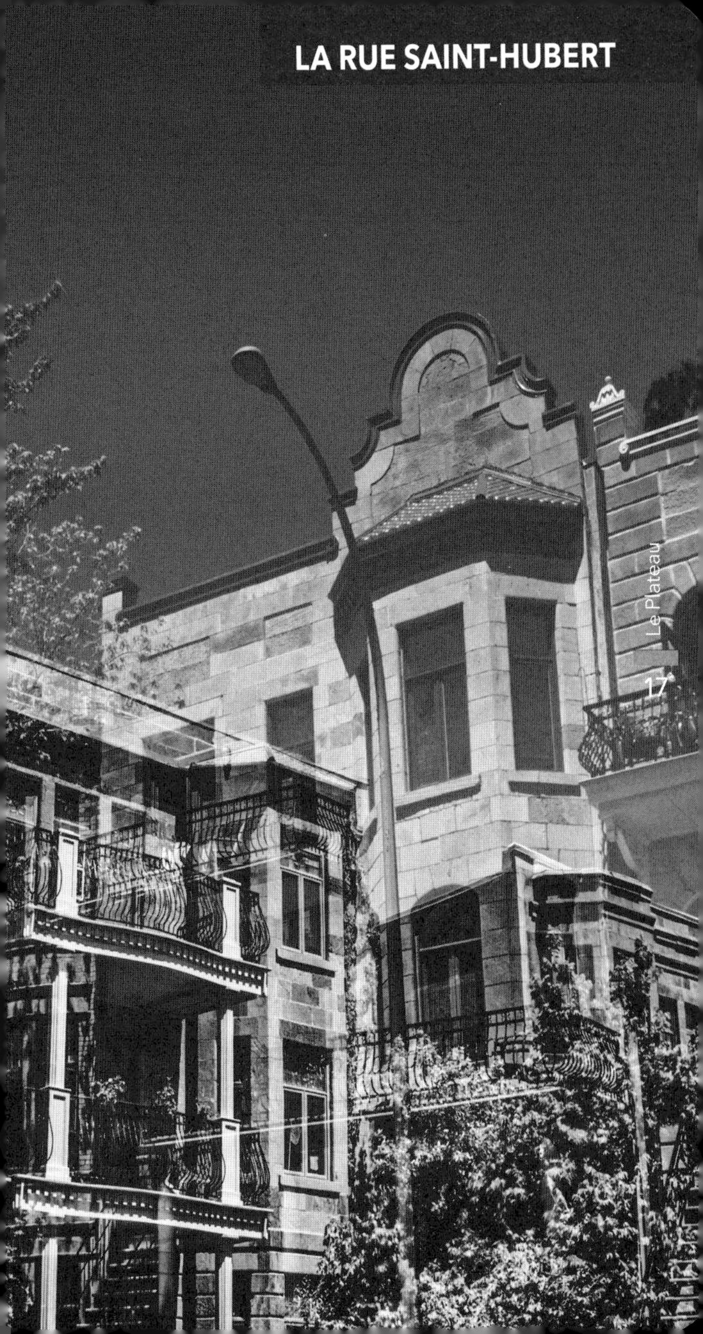

architecturale de Montréal. Ils sont même devenus un symbole de la ville. Les historiens et les urbanistes évoquent différents motifs qui auraient incité les Montréalais à installer ces **escaliers à l'extérieur** malgré tous les inconvénients en lien avec notre climat et les déménagements. Parmi ces raisons figurent le désir d'imiter les quartiers cossus du sud de la rue Sherbrooke et la volonté de gagner de l'espace à l'intérieur.

Poursuivons ensuite jusqu'à l'angle des rues Saint-Hubert et Rachel Est, où loge **L'Anecdote**. Ouvert depuis 1983 et campé dans un décor inspiré des années 1950, ce petit resto est de ceux qui servent les meilleurs burgers en ville, des plus classiques aux plus originaux.

Le Plateau

Essayez celui à l'agneau ou au cerf garni de fromage fondant et accompagné de frites qui craquent sous la dent.

D'ici, la vue sur la **montagne**, à l'ouest, est magnifique, tout particulièrement en automne. Au bout de la piste cyclable de la rue Rachel se trouve le **parc Jeanne-Mance**, au programme de la Balade 2.

11
L'Anecdote

À quelques pas vers l'est sur ce segment de rue très bigarré – de la porte-cochère aux architectures de guingois –, trône la **Maison des pâtes fraîches** au 865. Depuis 1994, ce commerce de quartier propose une cuisine familiale italienne. On peut y manger sur place ou acheter des plats cuisinés et des produits frais à emporter. Pâtes fraîches, sauces maison et antipasti sont concoctés et servis par une extraordinaire famille italienne. Le **parc La Fontaine** se trouvant à deux pas, pourquoi ne pas faire des provisions pour un pique-nique?

Vous avez du temps? Évadez-vous du circuit proposé pour goûter le calme des rues transversales.

Fatigué de marcher? Pourquoi ne pas louer un vélo chez **Cycle Pop**, au 978 de la rue Rachel Est?

Au 963 se trouve la très connue **Galerie Graff** et ses ateliers d'artistes en sérigraphie, eau forte, graphite, acrylique, etc. N'hésitez pas à y entrer; l'espace et, en particulier, la cour intérieure sont très agréables.

À l'angle de la rue Rachel Est et de l'avenue Christophe-Colomb

12
Maison des pâtes fraîches

13
Cycle Pop

14
Galerie Graff

Saint-Christophe

Saint-André

Mentana

Boyer

Christophe-Colomb

De La Roche

12

14

15

Rachel

13

Parc-La Fontaine

15

Caserne de pompiers n° 16

16

La maison des cyclistes

17

Entrée principale du parc La Fontaine

se dresse la **caserne de pompiers n° 16**. Dessinée par l'architecte de la Ville **Louis-Roch Montbriand**, c'est la plus vieille encore en opération à Montréal. Inaugurée en 1892, elle est classée comme immeuble de valeur patrimoniale exceptionnelle.

Les constructions qui suivent méritent que vous ralentissiez à nouveau le pas. Une fois dépassée **La maison des cyclistes** au 1251, vous trouverez l'**entrée principale du parc La Fontaine**, à l'angle de la rue Rachel Est et de l'avenue Calixa-Lavallée. Créé en 1874 sous le vocable de « parc Logan », cet immense espace vert est rebaptisé « parc La Fontaine » en 1901, en hommage au premier ministre Louis-Hippolyte La Fontaine. On peut dire qu'il s'agit d'un des deux poumons de la ville, l'autre étant bien sûr le mont Royal. Depuis son aménagement, le nombre d'arbres y augmente sans cesse puisqu'on y plante de nouvelles espèces au fil des ans. On y dénombre aujourd'hui une soixantaine d'essences différentes, et des visites guidées sont régulièrement mises sur pied pour les faire découvrir.

De Brébeuf

Chambord

De Lanaudière

Garnier

Fabre

16

17

Calixa-Lavallée

L'entrée du parc s'ouvre sur une allée menant à la statue d'**Adam Dollard des Ormeaux**. Inauguré le 24 juin 1920 et restauré en 2008, ce monument est l'œuvre de l'artiste **Alfred Laliberté** et de l'architecte **Alphonse Venne**. Adam Dollard des Ormeaux (1635-1660) était un officier français tué au Long-Sault par les Iroquois avec seize autres combattants.

Vous avez ici un point de vue sur l'**étang** et l'ensemble du parc, avec le **théâtre de Verdure** et le **chalet-restaurant** en arrière-plan. Libre à vous d'emprunter l'allée pour aller marcher dans le parc, ou plutôt de revenir sur vos pas pour longer la piste cyclable du côté ouest de ce havre urbain afin d'admirer les maisons, toutes plus coquettes les unes que les autres,

Rachel

18

Calixa-Lavallée

Émile-Duployé

Papineau

Parc-La Fontaine

20

21

19

qui bordent l'avenue du Parc-La Fontaine, dans le prolongement de l'avenue Christophe-Colomb.

Si la première option vous sourit, dirigez-vous vers le chalet (où l'on peut louer des patins l'hiver), puis vers le théâtre de Verdure, qui a pour vocation de diffuser gratuitement des spectacles professionnels axés sur la danse et la musique. On peut assister aux spectacles dans les gradins ou pique-niquer à l'extérieur de l'enceinte au son de la musique.

En bifurquant vers la gauche, vous atteindrez le bâtiment qui accueille à l'année l'**Espace La Fontaine**, un bistro culturel qui propose un menu santé abordable et qui présente divers concerts, expositions et activités. En entrant, jetez un œil aux tableaux accrochés au-dessus du bar; ils sont de moi! La Ville de Montréal a en effet acheté **trois de mes œuvres** représentant Paris, Shanghai et Montréal pour agrémenter cet espace. À la carte, des salades, des tartares, des plats chauds et des sandwiches. On peut manger sur place, se procurer une boîte repas à emporter, déguster une crème glacée ou encore prendre un verre au bar ou sur la terrasse. L'établissement ferme à la tombée du jour.

Dirigeons-nous maintenant vers la gauche, traversons le pont et empruntons à droite le chemin qui mène aux **terrains de pétanque et de tennis** – à mon avis sous-utilisés, quoique pour ma part, j'en profite pleinement!

Revenons ensuite sur nos pas pour sortir du parc en prenant l'allée à droite entre le pont et ces terrains. Sur la gauche, on aperçoit un talus qui descend jusqu'à l'étang. Selon moi, c'est le meilleur endroit pour faire un pique-nique puisqu'on y a une vue imprenable sur l'eau. À droite, admirez la **statue de Félix Leclerc** intitulée *Debout* et réalisée par le sculpteur **Roger Langevin**. Il faut en effet savoir que ce poète aux nombreux autres talents était aussi un ardent défenseur de la langue française animé d'un profond engagement envers la souveraineté du Québec.

À la sortie du parc, prenez le temps de poser un dernier regard sur l'étang et sa fontaine depuis un des bancs de la terrasse à l'ombre des arbres. Admirez par ailleurs, sur la droite, la belle allée bordée de spécimens matures.

Nous débouchons sur la rue De Brébeuf, que nous remontons. Des maisons d'architecture variable selon les époques nous y attendent. Les plus jolies se trouvent au **4236** et au **4242**. Ce sont, comme la plupart de celles qu'on trouve à Montréal, des maisons de deux étages. Parfois même un seul. Jamais plus de trois. Ici, les couleurs et les balcons donnent envie d'entrer. La résidence en pierre de taille du **4281** a fière allure, alors que celles du **4282** et du **4302** sont très cossues avec leurs pierres en relief. Enfin, la très vieille, joyeuse et bien entretenue demeure du **4297**, avec ses lucarnes bleu et blanc, vaut l'arrêt. Avec un peu de chance, son gentil propriétaire sera assis sur la galerie et partagera avec vous le ravissement d'y vivre.

Au **4354**, au-delà de la rue Marie-Anne Est, se trouve en outre la **boulangerie Mr Pinchot**, un secret bien gardé dans le quartier. En plus d'offrir pains, pâtés et viennoise-ries, cette véritable boulangerie artisanale vend la crème glacée du Glacier Bilboquet – une des meilleures en ville.

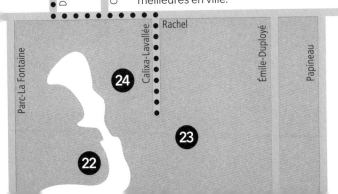

À l'angle de l'avenue du Mont-Royal, prenons à droite. Au 1256 pointe **Diabolissimo**, fondé par Isabelle et Carole, deux épicuriennes. Ici, on achète pour emporter des mets fins italiens : antipasti, pestos, sauces et pâtes maison. Le service est chaleureux et personnalisé. Je peux y aller les yeux fermés en me laissant guider par les irrésistibles effluves qui en émanent.

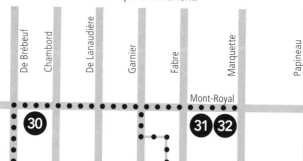

Quatre intersections plus loin, à l'angle de la rue Fabre, s'impose la **Taverne Normand**, une institution solidement implantée depuis 1941. Elle a même conservé le cachet de l'époque avec ses murs turquoise et sa grande **mosaïque à l'effigie de Maurice Richard**, héros mythique du hockey sur glace. C'est d'ailleurs l'endroit par excellence pour regarder un match télévisé mettant en vedette l'équipe des Canadiens de Montréal. Ambiance survoltée garantie ! L'**Edgar hypertaverne**, tout à côté, est sa petite sœur de style branchée. Entre les deux, l'**Edgar café** figure parmi mes récentes découvertes. On y vend des smoothies (frappés aux fruits) santé et du café avec service au guidon (*bike in*) – vous avez bien lu : on peut y entrer à vélo (ou en patins à roues alignées).

Faisons maintenant quelques pas en arrière jusqu'à la rue Garnier, que nous enfilons à gauche pour partir à la découverte d'une **ruelle type du Plateau**. Prenons la première ruelle à gauche pour aussitôt nous engager dans celle de droite. Voyez l'enfilade de hangars encore parfois recouverts de tôle. Ces hangars ont jadis été construits pour entreposer le charbon. Certains sont même encore dotés d'un mat équipé d'une poulie qui servait à le monter à l'étage. Par la suite, ces constructions ont servi de remises. Comme tant d'autres ruelles de Montréal, celle-ci est aussi striée de cordes à linge. Remarquez en outre au passage les cours ouvertes qui favorisent les échanges entre voisins. C'est ce qui a inspiré l'œuvre

30

Diabolissimo

31

Taverne Normand

32

Edgar Hypertaverne

de l'auteur **Michel Tremblay**, un natif du Plateau y ayant vécu toute son enfance.

Si le cœur vous en dit, déambulez ainsi d'une ruelle à l'autre. Le jeu est presque sans limites. La ville de Montréal compte en effet environ **450 km de ruelles**! Elles servent de terrain de jeu à nombre d'enfants depuis des générations. Sur le Plateau, certaines sont même gazonnées et agrémentées de jardins fleuris ou de potagers.

Fatigué ou prêt pour une pause? Remontez vers l'avenue du Mont-Royal pour y reprendre l'autobus, un vélo, ou… y concocter votre souper.

Quand je veux préparer un bon repas entre amis, je peux trouver, à l'intérieur d'un périmètre restreint, tout ce qu'il me faut pour élaborer plusieurs services. Prêt?

* À l'angle des rues Marquette et Simard, **Le Boucanier** a tout ce qu'il faut pour une bonne entrée : poisson fumé, tartares, terrines de saumon, crabe et homard. En garnir tout simplement quelques craquelins, et le tour est joué. Il s'agit d'une boutique artisanale, hors circuit, connue principalement des gourmets du quartier.

* De retour sur l'avenue du Mont-Royal, à droite en sortant de la boutique, prenons encore à droite pour aller chercher quelques bonnes bouteilles à la succursale de la **Société des alcools du Québec (SAQ)** située à l'angle de l'avenue Papineau.

* Deux cents mètres plus loin, rendons-nous au 1957, de l'autre côté de la rue, à l'enseigne de **William J. Walter**, mon saucissier préféré. Il faut essayer son sandwich à la saucisse farcie de fromage emmenthal – une expérience unique quand ça explose en bouche ! Détail à se rappeler : cette boutique vend également plus de 150 bières de microbrasserie !

* Pour du bon pain, il suffit d'aller à la boulangerie d'à côté, **Les Co'pains d'abord**, au 1965. Cela dit, on peut aussi y faire une pause pour prendre un café ou savourer le plat du jour.

* À la porte voisine, c'est la **Maison du rôti**, un établissement familial ayant pignon sur rue à cette adresse depuis la fin des années 1960. J'y achète invariablement ma viande lorsque je souhaite préparer des grillades.

* Un peu plus loin de l'autre côté de la rue, au 2018, j'affectionne tout particulièrement la fruiterie **Passion des fruits** pour la variété et la fraîcheur de ses produits.

* Quant aux incontournables fromages de fin de repas, je n'ai que l'embarras du choix à la **Fromagerie Hamel**, au 2117 de l'avenue du Mont-Royal, passé l'avenue De Lorimier.

C'est sur cette note épicurienne – Plateau oblige ! – que s'achève notre périple du côté est du Plateau-Mont-Royal

BALADE 2
LE CÔTÉ OUEST :
LA RUE SAINT-DENIS,
LE BOULEVARD
SAINT-LAURENT ET LE
PARC JEANNE-MANCE

DÉPART

Métro : station Mont-Royal

ARRIVÉE

Parc Lahaie
Métro : station Laurier

REPÈRES

NATURE

Parc Jeanne-Mance

ART

Espace Go
(murale)
4890, boulevard
Saint-Laurent

LA VIE DOUCE

Le Continental
4007, rue Saint-Denis

1

Métro
Mont-Royal

2

La Distributrice

3

Courir

Cette balade part également du
métro Mont-Royal, mais cette
fois, nous empruntons l'avenue
du Mont-Royal vers l'ouest,
c'est-à-dire à gauche en direction
de la rue Saint-Denis. Fidèles
à nos habitudes, commençons
par un café à **La Distributrice**,
un comptoir extérieur qui ne
sert que du café au numéro
408. Remarquez la machine qui
occupe presque tout l'espace de
ce minuscule réduit.

Prenons ensuite la rue Saint-Denis
à gauche, sur le trottoir du côté
ouest. J'emprunte souvent cette
rue pour profiter de ses nombreuses terrasses. Le contraste
entre le côté est et le côté ouest est
frappant. Du côté est, les escaliers
extérieurs ont été conservés ainsi
que l'architecture des façades. Il

s'agit du côté ensoleillé de la rue, et il attire beaucoup de monde dès que les premiers rayons font leur apparition au printemps. Du côté ouest, les édifices sont par contre beaucoup plus modernes. Les boutiques que je vous indique se trouvent de ce côté, mais vous aurez compris que marcher la rue Saint-Denis est un plaisir d'un côté comme de l'autre.

Au 4452 de la rue Saint-Denis, la boutique **Courir** permet de profiter des services d'experts du vélo et de la course à pied. Un peu plus loin, au 4380, surgit la **Librairie Renaud-Bray**. Ouverte jusqu'à 22 heures tous les soirs, j'aime aller y flâner, plus particulièrement dans les sections voyage, photo et arts. J'y déniche en outre plusieurs des cadeaux que je désire offrir.

Une fois passée la rue Marie-Anne, étant amateur de déco et de petites trouvailles, je vous suggère de fureter du côté de la boutique **Zone**, au 4246.

Tout de suite après l'avenue Duluth, de l'autre côté de la rue, une église accroche le regard, sauf qu'il ne s'agit plus d'un lieu voué au culte du Tout-Puissant, mais bien au

6
Saint-Jude Espace Tonus

7
Le Continental

corps! Ouvert au printemps 2013, le **Saint-Jude Espace Tonus** est l'aboutissement d'un projet qui a nécessité deux ans de travaux et dont le résultat est impressionnant. Tout en conservant l'atmosphère sacrée des lieux, on y a aménagé un complexe qui réunit un restaurant, un spa et un gym. Il n'est toutefois ouvert qu'aux membres.

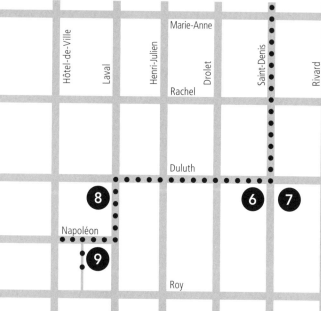

8

Rue Laval

9

Burner Alley

En face, le bistro restaurant **Le Continental**, au 4007, est un établissement que je fréquente depuis de nombreuses années pour la qualité tant du service que des plats. De plus, je suis toujours certain d'y rencontrer des amis.

Hors du bruit des véhicules, empruntons l'avenue Duluth vers l'ouest : elle invite à la lenteur. Vous voyez une **façade originale** blanche aux balcons en coin turquoise ? Vous y êtes. C'est l'avenue Laval, que nous prenons à gauche. Comme sur certaines rues avoisinantes, s'y succèdent des **maisons bourgeoises** très différentes de celles qu'on a pu voir sur la rue Saint-Hubert dans le cadre de la Balade 1. Ici, davantage de bois ouvragé et de couleurs. Ça respire l'intimité !

Tournons à droite sur la rue Napoléon, puis tout de suite à gauche dans la première ruelle. Nous sommes ici dans une ruelle dite *underground*, à savoir la « **Burner Alley** » (ruelle des Brûleurs), dont le concept a été imaginé par des participants de l'événement Burning man. Reflet de cet événement tenu au Nevada, plusieurs participants le décrivent

Le Plateau

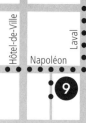

comme une expérience communautaire favorisant la libre expres-
sion et l'indépendance radicale.
Les habitants du coin y ont installé
des objets recyclés de tout genre
avec beaucoup… d'inspiration !

De retour sur la rue Napoléon, prenons à gauche jusqu'au boulevard
Saint-Laurent. On ne saurait passer
sous silence le rôle primordial du
boulevard Saint-Laurent dans

9

Burner Alley

l'histoire du Plateau. Vers 1861, forgerons, artisans et marchands de foin commencent à s'installer le long de cette voie parcourue par les tramways de l'époque. Plusieurs hôtels y voient également le jour. Vers 1900, elle est déjà devenue une grande artère commerciale accueillant aussi bien des banques et des manufactures que des commerces de toutes sortes.

Rachel

14

12 **13**

Duluth

Saint-Urbain

Clark

11

Saint-Laurent

Saint-Dominique

Coloniale

De Bullion

Hôtel-de-Ville

10

Napoléon

10
Coco Rico

11
Bain Schubert

Le boulevard est officiellement baptisé « Saint-Laurent » en 1905, et c'est à cette même date qu'il s'impose comme l'**axe de démarcation** entre les portions est et ouest des rues transversales. Il marque en outre de plus en plus la frontière entre la population francophone à l'est et les nombreux immigrants qui s'établissent plutôt du côté ouest et qui adoptent rapidement

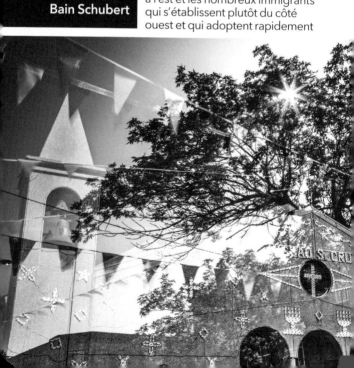

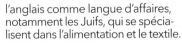

12
Laïka

13
Le Réservoir

14
Église Santa Cruz

l'anglais comme langue d'affaires, notamment les Juifs, qui se spécialisent dans l'alimentation et le textile.

À l'angle de la rue Napoléon et du boulevard Saint-Laurent trône **Coco Rico**, la première rôtisserie traditionnelle du genre à Montréal. Multiethnique par essence, le boulevard Saint-Laurent se décline en africain, en juif, en indien… et on se dirige, au nord, vers le quartier portugais.

Au 3950, on découvre un ancien bain public : le **Bain Schubert**. Aujourd'hui appelé « Piscine Schubert », ce bâtiment de facture Art déco, a été construit vers 1930 par les autorités municipales dans le double but de favoriser l'hygiène et d'offrir des loisirs aux citoyens du quartier. Des rénovations entreprises il y a une dizaine d'années ont permis de conserver la majeure partie des caractéristiques de l'architecture intérieure du bâtiment.

Observez au passage les boutiques de type vintage. À l'approche de l'avenue Duluth. Le **Laïka** est un resto-bar-café au décor et à la musique branchés où se retrouvent les artistes et les habitués du coin. Juste en face, au n° 9 de l'avenue Duluth, la brasserie **Le Réservoir** se distingue par son beau brunch et sa super terrasse.

Poursuivons sur le boulevard Saint-Laurent jusqu'à la rue Rachel, et prenons à gauche pour atteindre le parc Jeanne-Mance. Au n° 60, nous apercevons l'**église Santa Cruz**, jouxtée d'un centre communautaire et d'une place publique qui accueille les gens du quartier à l'occasion de grandes fêtes estivales organisées par la

communauté portugaise. Arrivés sur le Plateau il y a une soixantaine d'années, les Portugais se sont rapidement intégrés à la vie du quartier.

Au bout de la rue Rachel s'étend le **parc Jeanne-Mance**, de part et d'autre de l'avenue du Parc au pied du **mont Royal** et de sa croix. Il a été nommé ainsi en l'honneur de la cofondatrice de Montréal ; l'hôpital qu'elle a fondé, l'Hôtel-Dieu, d'abord établi dans le Vieux-Montréal d'aujourd'hui pendant près de 200 ans puis reconstruit à son emplacement actuel depuis 1861, se trouve d'ailleurs au sud-est du parc. En face, on ne peut manquer le **monument à Sir George-Étienne Cartier** *, au pied duquel résonnent tous les dimanches, d'avril à octobre, les fameux « tams-tams ». Des gens de tous horizons s'y réunissent en effet depuis des années pour y jouer spontanément de leur instrument. À gauche, la vue du centre-ville est splendide. Ce parc est selon moi un bel exemple d'intégration de la ville et de la nature.

Remontons l'avenue de l'Esplanade jusqu'à l'avenue du Mont-Royal. Vue imprenable sur la montagne

15

Parc Jeanne-Mance

16

Monument Sir George-Étienne Cartier

17

Le Filet

15

Parc
Jeanne-Mance
17
Esplanade
Saint-Urbain
Clark
Saint-Laurent
Saint-Dominique

18   Mont-Royal

Marie-Anne

16   **15**

Rachel

15

oblige! Ici, les immeubles s'allongent sur trois ou même quatre étages, et les jardins sont soignés.

Vers la gauche, au 219, pointe le restaurant **Le Filet**, un de mes restaurants préférés d'où l'on a par ailleurs une vue magnifique sur le parc.

À l'angle des avenues de l'Esplanade et du Mont-Royal, dans une ancienne bibliothèque, nichent les studios de répétition et les bureaux de la **compagnie de danse Marie Chouinard** au 4499, avenue de l'Esplanade. L'intérieur en a entièrement été aménagé en blanc, et il s'agit pour moi d'un excellent exemple de transformation réussie d'un lieu. Je collabore d'ailleurs avec Marie Chouinard depuis plusieurs années en faisant des photos de ses spectacles.

18

Compagnie
de danse
Marie
Chouinard

Le Plateau

43

⭐ Sir George-Étienne Cartier (1814-1873) était membre de la société des Fils de la liberté. Il a pris part à la bataille de Saint-Denis dans le cadre de la rébellion des Patriotes de 1837, et un monument en son honneur a été inauguré en 1914 à l'occasion du 100ᵉ anniversaire de naissance de ce père de la Confédération. On peut visiter la maison qu'il a occupée dans le Vieux-Montréal.

19
Mà

20
Latitude Nord

21
Montauk Sofa

22
Aux Vivres

Toujours sur l'avenue du Mont-Royal, en revenant jusqu'au boulevard Saint-Laurent, on peut faire une incursion dans le monde du design en visitant vers le sud mes boutiques préférées : **Mà** (4412), **Latitude Nord** (4410) et **Montauk Sofa** (4404). Vers le nord se trouve le restaurant **Aux Vivres** (4631), qui sert une cuisine végétarienne de type végétalien, tout en fraîcheur et inspirée des quatre coins du monde. **Le Comptoir** (4807) est quant à lui l'antithèse d'Aux Vivres avec ses charcuteries cochonnes et son brunch affriolant. J'aime les deux et je l'assume.

Peu après le **Centre social espagnol** et la fameuse **Sala Rossa**, on arrive au quai de déchargement de l'**Espace Go** (4888), un théâtre

23

Le Comptoir

24

Centre social
espagnol et
Sala Rossa

25

Espace Go

Saint-Joseph

Villeneuve

Saint-Urbain

Saint-Laurent

Mont-Royal

Marie-Anne

Clark

Le Plateau

avec lequel j'ai récemment colla-
boré. Les murs du quai arborent
l'impressionnante **murale *Quai des
arts***. En 2011, réagissant aux nombreux graffiti qui s'invitaient spora-
diquement et sans permission sur
les murs de son débarcadère (et
sur la façade du théâtre), l'**Espace
Go** décide en effet d'encourager
cette forme d'art. Elle offre alors cet
espace à de jeunes artistes pour
qu'ils y réalisent une fresque, et
ceux-ci font appel à l'organisme **Mu**
et au collectif **En Masse**, tous deux
dédiés à l'art public, pour créer
la murale qu'on peut aujourd'hui
admirer.

Nous longeons le **parc Lahaie**
entre le boulevard Saint-Joseph
et l'avenue Laurier, d'où nous
entrevoyons l'impressionnante

26
Parc Lahaie

27
Église Saint-Enfant-Jésus

église Saint-Enfant-Jésus avec son portique à sept portes. À l'intérieur, des tableaux d'**Ozias Leduc**. Nous sommes au centre de l'ancien village Saint-Louis-du-Mile-End. Ici, on peut légitimement se poser ou pousser plus loin pour casser la croûte.

À vous de choisir !

28
Thai Grill

29
Chao Phraya

30
Les Touilleurs

31
Jun I

32
Juliette et
Chocolat

33
La
Croissanterie
Figaro

Continuons jusqu'à l'angle du
boulevard Saint-Laurent et de
l'avenue Laurier, où je me rends
volontiers en famille pour des
repas festifs au **Thai Grill** (5101,
boulevard Saint-Laurent). À
gauche sur l'avenue Laurier
Ouest, au numéro 50, se trouve
mon autre restaurant thaïlandais
préféré : le **Chao Phraya**. Il faut
absolument goûter son poulet
sauce à l'arachide avec épinards
croustillants!

Au 152 de l'avenue Laurier
Ouest, **Les Touilleurs** se veut un
incontournable pour un amateur de bouffe comme moi. J'y
fais provision d'accessoires de
cuisine et de conseils d'experts.
Juste à côté, un des meilleurs
restaurants japonais à Montréal,
qualifié d'exception par certains
critiques : **Jun I**. Une expérience
gastronomique à vivre!

Je ne peux non plus passer
devant **Juliette et Chocolat**, au
377, sans entendre l'appel du
fondant au chocolat avec coulis
de caramel fleur de sel garni
d'une boule de crème glacée.
Divin!

En bon gourmand, je mets fin
à notre périple à l'angle de la
rue Hutchison et de l'avenue
Fairmount, à **La Croissanterie
Figaro**. Prenez le temps de vous
asseoir et d'examiner le décor.
Tout ici réside dans le détail.
On a l'impression d'être dans
un bistro parisien, et les croissants ne démentent pas cette
impression. Par beau temps,
installez-vous sur la terrasse pour
l'apéro, un café ou un repas.
Après tous ces kilomètres, vous
le méritez bien!

Le Plateau

47

Saint-Laurent

(28)

(26)   (27)

Vers le métro Laurier

BALADE 3
LE MILE END :
L'AVENUE FAIRMOUNT,
LA RUE SAINT-VIATEUR
ET L'AVENUE BERNARD

DÉPART
Métro : station Laurier

ARRIVÉE
Métro : station Outremont

REPÈRES

NATURE
Parc Saint-Viateur

ART
Galerie Simon Blais
5420, boulevard
Saint-Laurent

LA VIE DOUCE
Les Enfants terribles
1257, avenue Bernard

1

Métro Laurier

2

Graffiti

3

Immeuble
Art-Déco

4

Murale

Le Mile End d'origine fait partie
de l'actuel Plateau-Mont-Royal✱.
Mais il a grandi depuis ! J'aime ce
secteur parce que j'ai l'impression
d'y être en voyage dans ma propre
ville, le moindre détour y étant
source de dépaysement. Pour cette
balade, nous zigzaguerons à travers les rues qui se trouvent entre le
boulevard Saint-Laurent et l'avenue
du Parc pour finir par une incursion
dans le quartier Outremont.

Du quai de la station de **métro
Laurier**, dirigeons-nous vers la
sortie nord – avenue Laurier / rue
Rivard. En sortant de la station,
prenons à droite. Entre le 445 et le
435 de l'avenue Laurier Est, on peut
admirer un gigantesque **graffiti** fort
bien intégré à son environnement.

Poursuivons jusqu'à la rue Saint-
Denis, que nous traversons pour

✱ La fin du 19e et le début du 20e siècle marquent
l'avènement d'une ère d'industrialisation dans le Mile
End par suite de la construction d'un lien ferroviaire
jusqu'à Lachine. Majoritairement catholique francophone à ses débuts, la population y devient plus cosmo-
polite avec l'arrivée d'un grand nombre d'immigrants,
parmi lesquels des Allemands, des Juifs et des Polonais
qui ne tardent pas à y ériger temples et synagogues.
Lors de son annexion à la ville de Montréal en 1909,
l'agglomération compte déjà plusieurs industries
prospères sur son territoire, particulièrement le long des
voies ferrées, si bien que près de 15 % de ses habitants y
travaillent dans 26 grandes usines.

✱ Pour son 50e anniversaire de fondation, l'**École
nationale de théâtre du Canada** s'est associée à l'organisme **Mu** pour offrir un cadeau au voisinage. De cette
collaboration est née une murale de plus de 2000 pieds
carrés intitulée *Les conteurs*. Elle a été conçue par
Richard Morin en 2011.

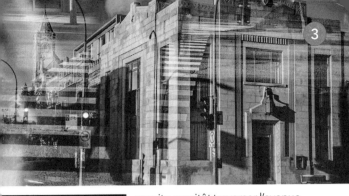

ensuite aussitôt traverser l'avenue Laurier. Retournons-nous ici pour admirer l'immeuble qui se dresse devant nous, de l'autre côté de la rue; il s'agit pour moi d'une des **belles signatures Art déco** de Montréal. Restauré de main de maître depuis peu, l'édifice se démarque agréablement de ceux qui l'entourent, tant par son architecture que par l'intégration de son éclairage. J'adore.

Environ 100 mètres plus loin, à l'angle de la rue Drolet, nous attend une **superbe murale**, vouée aux arts de la scène*.

Rendons-nous maintenant jusqu'au boulevard Saint-Laurent. À gauche, le **parc Lahaie** et l'**église Saint-Enfant-Jésus** de la deuxième balade. Au coin opposé, arrêtons-nous au **musée des**

Le Plateau

51

Musée des pompiers auxiliaires de Montréal

Golden Curry House

Au papier japonais

Graffiti

pompiers auxiliaires de Montréal. Le magnifique bâtiment dans lequel loge le musée et une caserne de pompiers accueillait autrefois l'hôtel de ville du village de Saint-Louis-du-Mile-End. Le musée propose un survol des grands moments de l'histoire du Service des incendies de Montréal de 1860 à aujourd'hui. Nous pouvons y voir des objets anciens liés à la vie dans une caserne de pompiers : des casques de différentes époques, des cloches, un ancien télégraphe, une pompe à eau d'antan et nombre de photographies. L'entrée est gratuite.

Continuons notre balade sur le boulevard Saint-Laurent. Rendons-nous au numéro 5210, à l'enseigne du **Golden Curry House** (Maison de currie Golden), solidement implanté sur la *Main* depuis des années. À toute heure du jour, on y trouve toujours une place — même quand il n'y en a pas !

Revenons quelques pas vers le sud et prenons ensuite l'avenue Fairmount, vers l'ouest, pour explorer ces petites boutiques spécialisées qui, pour moi, font le charme du Mile End. Commençons par **Au papier japonais**, au numéro 24. Cet endroit vraiment unique est tenu par un couple très sympathique, et on y fait invariablement des découvertes extraordinaires. Cette boutique offre en effet plus de 500 sortes de papiers en plus de proposer des cours de fabrication de papier, de calligraphie, de teinture et de peinture au pochoir ainsi que de reliure.

De l'autre côté de la rue, un **immense graffiti** orne le mur extérieur qui donne sur la ruelle.

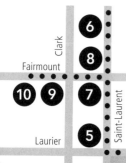

9

Tableau noir

10

Fairmount bagel

À l'intersection suivante, à l'angle de la rue Clark, se trouve un **grand tableau noir**. Installé dans le cadre du projet « Le Plateau s'anime ! », on y invite les passants à compléter la célèbre phrase de Boris Vian « *Je voudrais pas crever avant d'avoir…* »

Prenons quelques minutes de pause à la **boulangerie Fairmount bagel**, au 74 de la rue Fairmount Ouest, qui fabrique ce pain typiquement montréalais — cuit au four à bois — depuis 1919. Il s'agit

Plusieurs commerces, cafés et restaurants se situent tout près. Je vous propose d'en découvrir quelques-uns :

Au 68 de l'avenue Fairmount , préparez-vous à vivre une expérience hors du commun à **la Drogheria fine**. Sur les tablettes, des pots, des pots et encore des pots de la meilleure sauce pour pâtes en ville : la salsa della nonna. Déclinée en plusieurs saveurs, elle fait partie du garde-manger de plus en plus de Montréalais, le bouche-à-oreille faisant merveilleusement son œuvre. Avec un peu de chance, la sauce sera encore à mijoter dans les énormes chaudrons de la petite cuisine au moment de votre visite. Vous pourrez même y goûter !

Chez Vito, à l'angle de la rue Saint-Urbain, est une boucherie de quartier exploitée de père en fils depuis plusieurs générations. Je lève mon chapeau à ces petits commerçants qui résistent à l'invasion des grandes chaînes.

Au 201 de l'avenue Fairmount Ouest, à l'angle de l'avenue de l'Esplanade, **Arts café** sert un excellent… café. La décoration hétéroclite s'inspire de plusieurs styles et l'atmosphère est vraiment conviviale.

Au 5210 de l'avenue du Parc , à quelques portes de l'avenue Fairmount, **Damas** s'impose comme un des rares restaurants syriens à Montréal, offrant une cuisine

selon moi des meilleurs bagels qui se puissent trouver, mais vous aurez bientôt l'occasion de les comparer.

Poursuivons sur l'avenue Fairmount au-delà de l'avenue du Parc pour faire une incursion dans l'univers des juifs hassidiques. Nous sommes à la croisée de cultures si différentes! Cela dit, à l'angle de la rue Hutchison, ne manquez pas de prendre le thé au **Rumi Restaurant**, dans un décor enchanteur du Moyen-Orient.

11

Rumi Restaurant

12

St-Viateur bagel

13

Club Social

14

Café Olimpico

Prenons maintenant à droite sur la rue Hutchison, en direction nord. Nous sommes ici à la frontière d'Outremont, comme en témoigne le panneau de signalisation de l'autre côté de la rue.

En prenant à droite à l'intersection suivante, pour peu que vous ayez goûté le bagel de **la boulangerie Fairmount**, vous aurez, comme promis, l'occasion de jouer au jeu des comparaisons en achetant un bagel chez **St-Viateur bagel**, au 263 de la rue Saint-Viateur Ouest.

À l'angle des rues Saint-Viateur Ouest et Saint-Urbain, difficile

12

Saint-Viateur

13 **14**

Hutchison

Parc

Jeanne-Mance

Esplanade

Waverly

Saint-Urbain

Clark

Saint-Laurent

Fairmount

11

Je vous propose ici quelques autres boutiques et cafés :

Entre l'avenue de l'Esplanade et la rue Saint-Urbain, se trouvent deux cafés italiens établis dans les années 30 du côté sud de la rue Saint-Viateur Ouest : le **Club social** au 180 et le **Café Olimpico** au 124, autrefois connu sous le nom de Café Open Da Night (pour *Day and Night*). Il y a toujours une file d'attente d'une dizaine de personnes, mais le service est très rapide et le café est excellent.

Entre les deux cafés, la boutique **Oxford** vend des livres et des chaussures – avec un très beau choix dans les deux cas. Suit **Chocolats Geneviève Granbois**, au 162. La propriétaire est une passionnée de chocolat que je connais depuis des années, et chaque fois que je passe par là, je m'arrête pour la saluer et déguster ses envoûtantes créations.

De l'autre côté de la rue, à l'angle de l'avenue de l'Esplanade, on aperçoit l'enseigne de l'**épicerie Latina**. Dans le Mile End, cette épicerie fine est un de mes endroits préférés pour faire provision de fruits, légumes, fromages, poissons, viandes, prêts à manger, vin et bière. Malgré sa surface réduite, on y trouve en effet de tout.

Quand j'ai envie de végé, je m'arrête à **La Panthère verte**, au 66 de la rue Saint-Viateur Ouest. On n'y sert que des aliments végétaliens et biologiques, sans oublier le meilleur falafel en ville !

Dans une ambiance qui rappelle celle du début du 20e siècle, **le Comptoir**, au n° 21, sert une chaudrée de palourdes et un fish and chips tout simplement

de manquer l'immense **église
Saint-Michel-Archange,** construite
en 1915 pour la communauté irlan-
daise du nord de l'île. Afin d'éviter
qu'elle subisse le même sort que
plusieurs églises de l'époque
détruites par les flammes, il fut
décidé de la construire en béton.
Dessinée par l'architecte **Aristide
Beaugrand-Champagne** dans le

style néo-byzantin, elle est coiffée d'un dôme et d'un clocher qui rappelle un minaret. Aujourd'hui devenue une mission polonaise, elle porte désormais le nom anglais de St. Michael's and St. Anthony's.

À l'angle de la rue Saint-Viateur Ouest et du boulevard Saint-Laurent s'élève l'immeuble en brique rouge qui accueille **Ubisoft**,

15

Église Saint-Michel-Archange

16

Ubisoft

17

Galerie Simon Blais

cette entreprise active dans le domaine du logiciel de loisir interactif qui a changé la face du quartier grâce aux centaines de jeunes qui y travaillent et qui l'ont adopté.

Prenons maintenant à droite sur le boulevard Saint-Laurent pour nous rendre au 5420, à la **Galerie Simon Blais**. Plusieurs œuvres

18

Style Labo

19

Whisky Café

✳

**Avenue
Bernard**

contemporaines et modernes d'artistes québécois honorent la collection de l'établissement. Lieu de diffusion à l'échelle nationale et mondiale, on peut y voir des œuvres de techniques variées : peinture, dessin, sculpture, estampe et photographie.

Revenons sur nos pas pour nous rendre au 5765, **Style Labo** est une boutique vintage qui promet une expérience de retour dans le temps et où je peux passer des heures à muser entre les meubles et accessoires à vocation industrielle ou postindustrielle, dont certains retapés. Ça vaut vraiment le coup de s'y attarder !

Puis, tout juste à l'angle de l'avenue Bernard, c'est le **Whisky Café**, une des plus vieilles institutions en ville pour prendre un bon scotch.

À l'angle de l'avenue du Parc, un coup d'œil sur la gauche nous permet de voir le **théâtre Rialto**. Il s'agit d'une magnifique salle de spectacle construite en 1923-1924 d'après les plans de l'architecte **Joseph-Raoul Gariepy** et largement inspirée de l'opéra Garnier de Paris. L'intérieur est à couper le souffle : plafond peint, dôme en verre et dorures. Une merveille ! On y propose une grande variété de soirées-spectacles, mais il est également possible de visiter les lieux en matinée.

Dès que nous traversons la rue Hutchison, l'environnement se transforme, aussi bien l'architecture que la signalisation et les lampadaires. Cette coupure très nette tient à ce que nous entrons dans

20

Théâtre Rialto

21

Maïko sushi

22

Appartements
Royal York

Outremont. À cette intersection,
au 387 de l'avenue Bernard,
c'est **Maïko sushi**. Ouvert en
1997 par madame Maïko, la chef
propriétaire, ce restaurant s'impose
comme un précurseur des établissements du genre à Montréal.

Au 1100-1144 de l'avenue Bernard,
arrêtons-nous un moment devant
les **appartements Royal York**, ce
superbe édifice résidentiel qui date
de 1928 et qui a été conçu par les
architectes **Jean-Julien Perrault** et
Joseph-Roméo Gadbois.

Quelque 250 mètres plus loin, au
1248 de l'avenue Bernard, surgit le
Théâtre Outremont, construit en
1929. Depuis sa réouverture offi-
cielle, le 20 mars 2001, il propose
une impressionnante program-
mation en cinéma, en danse, en

J'aimerais souligner que, sur l'avenue Bernard, j'ai quelques amis propriétaires de commerces.

Tout d'abord, **L'Assommoir**, au numéro 112, un endroit feutré où il fait bon manger ou boire. Les charcuteries et tartares à partager sont une belle formule à adopter quand on s'y rend en groupe.

Enchaînons avec **Nonya**, au 151. En entrant dans ce restaurant indonésien fort sympathique, vous verrez une photo d'enfants accrochée au mur; c'est moi qui l'ai prise à Bali et qui l'ai vendue aux propriétaires en 1999.

Le Plateau

23

Théâtre Outremont et comptoir Prêt-à-manger

musique et en théâtre. Il abrite en outre le comptoir de **Prêt-à-manger** du chef Ian Perrault. J'aime m'y procurer tout ce qu'il faut pour faire un pique-nique au **parc Saint-Viateur** voisin (avenue Bloomfield à droite en revenant quelques pas en arrière). Avec son pavillon et son étang, ce magnifique parc vaut d'ailleurs le détour.

De L'Épée | Querbes | Durocher | **21** | Parc | Jeanne-Mance | Waverly | Saint-Urbain

Bernard

22 | Hutchison | **20**

Terminons notre balade sur une note de douceur pour le palais : le **Glacier Bilboquet**, au 1311 de l'avenue Bernard. Entre le mois de mars et la mi-mai, je vous suggère fortement la glace au sirop d'érable. Sinon, c'est au choix. Aucun des parfums ne vous laissera de glace !

Revenons enfin sur nos pas jusqu'à l'avenue d'Outremont que nous prenons à gauche jusqu'à l'avenue Van Horne, où nous prenons encore à gauche pour rejoindre la station de **métro Outremont**, à deux pas de là.

J'espère avoir su partager ma passion du Plateau à travers mes yeux de photographe. Qui sait ? Je vous y croiserai peut-être un jour, mon guide à la main et la tête en l'air…

Le Plateau

Quatre autres établissements méritent notre attention.

Au 1053A de l'avenue Bernard, **Lester's deli**, un restaurant de smoked meat, ne donne pas sa place, et ce, depuis 1951. Y pénétrer, c'est revenir à cette époque grâce à un décor figé dans le temps – un contraste frappant avec les autres commerces du coin. Fermé le dimanche.

Environ 350 mètres plus loin, au 1257, une brasserie, **Les Enfants terribles**, dont le nom se veut une référence directe à deux de mes amis, soit les fils – pas si terribles, à vrai dire – de la propriétaire Francine Brûlé. L'un deux, Alexandre Brûlé-Brosseau, directeur artistique, a d'ailleurs conçu le décor tout en bois de l'établissement en collaboration avec l'architecte Louis-Joseph Papineau. Ils ont su en faire un endroit à la fois moderne et rustique avec ses tableaux d'écoliers et ses comptoirs faits de bois d'allées de bowling.

À quelques pas, **Le Café souvenir**, au 1261 (service de déjeuner tous les jours jusqu'à 16 h), et **Le Petit Italien**, au 1265, sont également au nombre des restos que je fréquente quand je suis de passage dans le coin.

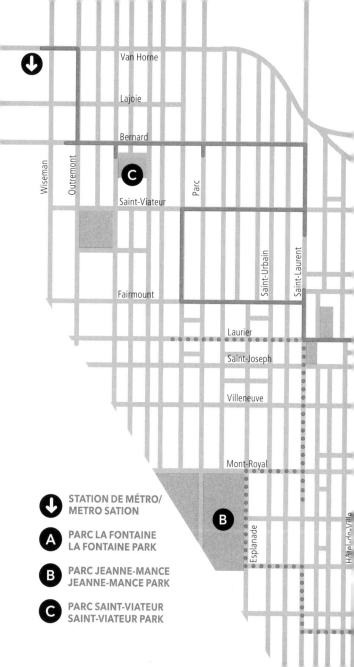

STATION DE MÉTRO/
METRO SATION

PARC LA FONTAINE
LA FONTAINE PARK

PARC JEANNE-MANCE
JEANNE-MANCE PARK

PARC SAINT-VIATEUR
SAINT-VIATEUR PARK

The Plateau

Four other eateries deserve a mention:

At 1053A Bernard Avenue, **Lester's Deli**, a smoked meat restaurant , has not conceded its spot since 1951. Inside, it's like traveling back in time; the decor hasn't changed one bit—a startling contrast to the other businesses around. Closed on Sundays.

About 350 metres further on, at 1257, **Les Enfants terribles** brasserie is named after the two sons of the owner, Francine Brûlé, who are friends of mine (and really not so terrible!). One of them, artistic director Alexandre Brûlé-Brosseau, worked with architect Louis-Joseph Papineau to completely redesign the interior and create a modern decor using wood and other rustic elements such as chalkboards and counters fashioned from bowling alleys.

A few steps away, the **Café Souvenir** at 1261 (breakfast served every day until 4 p.m.) and **Le Petit Italien** at 1265 are also among the restaurants I drop into when I'm

FOREWORD

INTRODUCTION

TOUR 1

The east side: Mont-Royal Avenue, Rachel Street and La Fontaine Park

TOUR 2

The west side: Saint-Denis Street, Saint-Laurent Boulevard and Jeanne-Mance Park

TOUR 3

Mile End: Fairmount Avenue, Saint-Viateur Street and Bernard Avenue

If there's one area of Montréal where it all happens, this is definitely it! The Plateau is one of the city's most vibrant and attractive neighbourhoods with its restaurants, schools, cultural communities, * grocery stores, parks, alleys—and countless outside staircases. For the past two decades, I've been captivated by the district's irresistible charm.

FOREWORD

This guide is an invitation to join me in exploring the places—and people—that make this neighbourhood so special. I've put together three tours that will take you on a journey through the entire Plateau district. The first is centred on the area around Mont-Royal Avenue and La Fontaine Park, the second extends further west to Jeanne-Mance Park, and the third takes you through to Mile End, the neighbourhood within a neighbourhood.

My love for the finer things has also strongly influenced this guide. On each route I've included the bars and restaurants that have become firm favourites of mine over the years, along with some local specialty food stores to inspire the gourmet in you. You'll also find some historical notes or anecdotes about the borough's streets and sectors. As I'm a photographer, you can bet I brought my camera along with me to take a few snapshots of Plateau life. All the photos in this guide are my own and represent how I see my neighbourhood.

These walking tours fit in perfectly with the essence of the Plateau, whose entire layout caters to walkers and bikers. The guide also provides information on the nearby metro stations, bus stops and Bixi stations (Montréal's public bike-sharing system).

My aim is to show you the Plateau from a different angle, through my own eyes and experiences. Feel free to follow the itineraries step by step or to divert from the suggested route as the mood takes you. Either way, I hope you'll be inspired!

So slip on a good pair of walking shoes and prepare yourself for miles of pleasure and discovery!

Plateau-Mont-Royal

At the start of the 19th century, Montréal's northern boundary lay at Duluth Avenue. Beyond that was rural land and small population clusters that gradually added themselves on to Montréal to eventually become neighbourhoods—including the Plateau-Mont-Royal as we know it today.

Plateau-Mont-Royal is one of the most densely populated neighbourhoods of Canada with its 100,000 inhabitants in an area of 8 km². In the early 20th century, the sector east of Saint-Denis Street was occupied mostly by the French-speaking working class, while the west side was largely made up of diverse cultural groups, including the Jewish community. The start of this century also saw the arrival of a good number of immigrants from France, charmed by the neighbourhood's European feel. It is now an affluent area, as the cost of rent and housing clearly indicates!

INTRODUCTION

When the editor asked me to work on this guide, I knew right away that it was something I would enjoy. It's a pleasure to be able to share my love of this neighbourhood, which has been my home since I first installed my photo studio on Mont-Royal Avenue back in 1995. Six months later, I settled on De Mentana Street, where I still live today. I chose to stay here not only for the community life but also because of the proximity to other sectors of the city, such as Mile End, Outremont and Little Italy. Plus, the bicycle paths also make it easy for an avid cyclist like me to get around.

I love the urban space, the architecture, the energy, the fleeting moments that come and go every day. During the past ten years, I have travelled to over fifty countries and photographed the world's major capital cities as part of the *8 seconds* project—a series of urban images crystallized on stainless steel prints. I take these photos using a technique of long exposure (eight seconds) where a sudden pivot of the camera can juxtapose two shots into a single image. But MY city is Montréal. A city I care for deeply. Its creativity, colourful people, mountain, river, and population size—not too big, not too small—are for me what make Montréal such an appealing and fascinating place to live.

Plateau-Mont-Royal is my home. I love its large parks where I can picnic, its multi-ethnic grocery stores and restaurants that let me travel the world, its active inhabitants who like to bike, and its artistic spirit brimming with talent and creativity. I hope that as you walk and use this guide, you will share my passion for this special neighbourhood.

TOUR 1
THE EAST SIDE:
MONT-ROYAL AVENUE,
RACHEL STREET AND
LA FONTAINE PARK

START

Metro: Mont-Royal station

END

At the corner of Mont-Royal Avenue and Fabre Street

Bus: No. 97 (westbound toward Mont-Royal metro station).

Bixi: At the corner of Chabot Street and Mont-Royal Avenue.

REFERENCE POINTS

NATURE

La Fontaine Park

ART

Galerie Graff
(interior courtyard)
963, Rachel Street East

THE GOOD LIFE

Le Boucanier
4475, Marquette Street

Our starting point is right in front of **Mont-Royal metro station**. This spot, just like several others on the Plateau, bustles with a constant to and fro at all hours of the day and night.

A few metres from the metro station's exit, the **Mont-Royal open-air market** offers produce that changes with the seasons. In summer, it becomes a fruit and vegetable market; as winter comes to an end, it sells maple products; and in the spring, it is the place to buy plants and flowers. It's a hive of activity in the heart of town.

Just opposite, across the street, is the **Maison de la culture du Plateau-Mont-Royal**. Housing a library and concert hall in a building built in 1895-1896, this cultural centre promotes all expressions of art and showcases Plateau artists. Formerly the Saint-Basile Boarding School, the edifice was built from plans drawn by **architects Resther and Son** (a nearby street was also named after them). Its architecture contrasts sharply with the ultra-modern design of

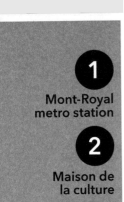

1
Mont-Royal metro station

2
Maison de la culture

3
Caisse populaire Desjardins

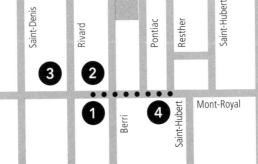

the **Caisse populaire Desjardins** to the left. If you need to withdraw some cash at the ATM before setting off, go ahead, it's just a few steps away.

4

Sanctuaire du Saint-Sacrement

Taking a right (towards the east) on Mont-Royal Avenue, you'll discover, at number 500, the **Sanctuaire du Saint-Sacrement**. Built between 1892 and 1894 with stones from the neighbouring Coteau Saint-Louis quarry, this church has long been a part of daily life in the community. I am reminded of its presence every day, as its bells resonate as far as

The Sanctuaire du Saint-Sacrement

This religious building, also based on the plans of architects Resther and Son, was built for the Fathers of the Holy Sacrament who came from Paris. A few years later, two wings were added to house a novitiate and a residence for the priests.

my yard—especially on Sundays, when all else is calm.

Across the street, at number 701, **Les Folies** restaurant is proud to offer one of the very few permanent terraces around. Good food, good service, good music, good DJ—I've been a regular here for years. Late risers will be happy to learn that they serve breakfast right through to mid-afternoon every day. As it's located close to the metro, it's an ideal place to meet.

The gables on this building and others nearby highlight once again the striking contrast between the old architecture and the more linear forms of the newer façades.

Saint-Denis

Rivard

Pontiac

Resther

Saint-Hubert

Saint-André

6

5

Berri

Saint-Hubert

Mont-Royal

Second-hand book and music stores are also part of the Plateau landscape. At 713, **L'Échange** sells used books, CDs, DVDs and video games. They've been in business a long time, and there's something for everyone here.

A little further down on the other side of the street, at 781,

7

Flocon espresso

8

Petits gâteaux

9

Misto

10

4455
Saint-Hubert
Street

stop by **Flocon espresso**, my favourite place for good coffee, ✳ just around the corner from where I live. It's tiny, but there's enough room to sit and savour your espresso along with a good book or your computer. Or you can take your coffee to go, which is what most people do.

For those of you hungering for more, drop in next door at **Petits gâteaux**, one of the first shops of its kind to open in Montréal just a few years ago. Their "little cakes," a.k.a. cupcakes, are made fresh daily. Go ahead! You'll burn off the extra calories walking!

At 929 you'll come across **Misto**, a restaurant that has made its mark on Mont-Royal Avenue and was one of the first trendsetting urban restaurants in this neighbour-hood. I like to stop by to say hello and chat to the staff—always the same friendly faces!

Retracing your steps and taking a left on Saint-Hubert Street will give you a closer look at some **typical Montréal row houses**, with their exterior staircases made of

Flocon espresso

I am a coffee aficionado. Each time I visit a city, I try to find the place that serves the best coffee (Italy is my favourite country for this). Today, coffee enthusiasts are using increasingly sophisticated machines to obtain the highest quality in terms of roast, taste and temperature.

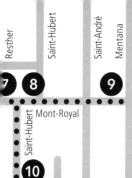

wood and wrought iron. These homes were built at the beginning of the century by the French-speaking upper-middle classes. Pause a moment to soak in all the architectural details: turrets, balconies, stained-glass windows, ornate doors, ornamentations, checker windows, eaves...

Some of these homes, though they seem to be part of a group of buildings, were originally **individual designs**. There are several such houses on this street, built by families who had the means to call on specialists and purchase superior-quality building materials. Note that the upper-middle classes gradually moved from the south of the city northward to reach what is now the Square Saint-Louis around 1881. After that, Saint-Denis, Sherbrooke and Cherrier Streets, as well as Laval Avenue gradually began to welcome a more well-to-do class of citizens. However, it was only towards 1910, following the sale of land belonging to Joseph-Charles-Hubert Lacroix—who had delayed development to increase its value—that bourgeois families finally began to settle on Saint-Hubert Street. Their homes make this one of the city's most attractive streets, especially the residence at **4455**, which belonged to **Camillien Houde**, former mayor of Montréal and active politician.

As for the **exterior staircases**, they are part of Montréal's

The Plateau

17

Marie-Anne

Saint-Hubert

Saint-Christophe

Saint-André

Rachel

architectural identity. They have even become emblematic of the city. But why did Montrealers choose to install their staircases outside, despite the obvious inconveniences relating to climate or moving house? Historians and urban planners cite various reasons, including the desire to imitate the affluent neighbour- hoods south of Sherbrooke Street and also to gain space inside the home.

Now, continue to the corner of Saint-Hubert and Rachel Street East, where you'll find **L'Anecdote**. Open since 1983 and set in a 50s-style decor, this little res- taurant serves some of the best burgers in town, from the ultimate classic to something truly original.

Try the lamb or deer burger covered in melted cheese with a side order of crispy fries.

From here, the view of the **mountain** to the west is magnificent, especially in the fall. At the end of the bicycle path on Rachel Street is **Jeanne-Mance Park**, which we will visit in Tour 2.

11

L'Anecdote

A few steps to the east on this colourful stretch of street with its mix of architectural styles, you'll find the **Maison des pâtes fraîches,** at 865. This local business has been serving family-style Italian fare since 1994. You can eat there or buy freshly prepared meals and products to take out. Fresh pasta, homemade sauces and antipasti made by a wonderful Italian family—who could ask for more? Plus, **La Fontaine Park** is right around the corner, so why not stock up for a picnic?

Have some time to spare? You might like to move away from the proposed route a while to get a feel for the calmer side streets.

Tired of walking? Why not rent a bike at **Cycle Pop**, at 978 Rachel Street East?

At 963 is the well-known **Galerie Graff** and its artist workshops in screen printing, aquafortis, graphite, acrylic, etc. Don't be afraid to go in—the interior, and especially the courtyard, are very pleasant.

At the corner of Rachel Street East and Christophe-Colomb

12
Maison des pâtes fraîches

13
Cycle Pop

14
Galerie Graff

Saint-Christophe

Saint-André

Mentana

Boyer

Christophe-Colomb

De La Roche

12

14

15

Rachel

13

Parc-La Fontaine

15

Fire Station No. 16

16

Maison des cyclistes

17

Main entrance to La Fontaine Park

Avenue stands **Fire Station No. 16**. Designed by the City's architect **Louis-Roch Montbriand** and inaugurated in 1892, it is Montréal's oldest fire station still in operation and is classified as a building of exceptional heritage character.

The next buildings are worth slowing down to look at. Once you pass the **Maison des cyclistes** at 1251, you will hit the **main entrance to La Fontaine Park**, at the corner of Rachel Street East and Calixa-Lavallée Avenue. Created in 1874 under the name "Logan Park," this wide expanse of green space was renamed "La Fontaine Park" in 1901, as a tribute to the prime minister Louis-Hippolyte La Fontaine. It is considered one of the two lungs of the city, the other of course being Mount Royal. Since the park was first landscaped, the number of trees has steadily increased, as new species are added over the years. Today, there are about sixty different varieties on record, and guided visits of the park and its trees are organized regularly.

De Brébeuf

Chambord

De Lanaudière

Garnier

Fabre

16

17

Calixa-Lavallée

18

Statue of
Adam Dollard
des Ormeaux

19

Pond

20

Théâtre
de Verdure

21

Restaurant
lodge

The park entrance opens onto an alley leading to the **statue of Adam Dollard des Ormeaux**. Inaugurated on June 24, 1920 and restored in 2008, this monument is the work of artist **Alfred Laliberté** and architect **Alphonse Venne**. Adam Dollard des Ormeaux (1635-1660) was a French officer killed by the Iroquois at the battle of the Long Sault along with sixteen of his compatriots.

From here you have a view of the **pond** and the entire park, with the **Théâtre de Verdure** and **restaurant lodge** as a backdrop. It's up to you whether you want to stroll through the park along the path or to retrace your steps and coast along the bicycle path

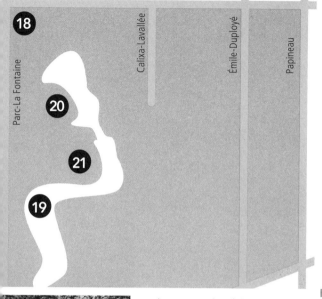

Rachel

Calixa-Lavallée

Émile-Duployé

Papineau

Parc-La Fontaine

18

20

21

19

19

on the west side of this urban oasis, to admire the line of picturesque homes bordering Parc La Fontaine Avenue, an extension of Christophe-Colomb Avenue.

If the first option takes your fancy, head for the lodge (where you can rent ice skates in winter) and then on towards the Théâtre de Verdure, a free open-air venue for professional music and dance. You can watch a show from the stands or picnic on the outskirts to the sound of the music.

Taking a left, you'll reach the building that houses **Espace La Fontaine**, a cultural bistro offering an affordable health menu and presenting various concerts, exhibits and activities all year round. If you go in, take a look at the photos above the bar; they were taken by me! The City of Montréal bought three of my works representing Paris, Shanghai and Montréal to decorate this space. On the menu: salads, hot dishes and sandwiches. You can eat there, get a lunch box to go, or simply savour an ice cream or sip a drink at the bar or on the terrace. The bistro closes at sunset.

Head left across the bridge and then to the right onto the path leading to the **petanque and tennis courts**—which are under-used in my opinion, although I make the most of them whenever possible!

Now backtrack to exit the park taking the path to the right between the bridge and the courts. To the left is a slope leading down to the pond. Personally, I think this is the best spot for a picnic since it offers a superb view of the water. To the right is the **statue of Félix Leclerc** by sculptor **Roger Langevin**, entitled *Debout*. Félix Leclerc was not only a multi-talented poet but also an avid defender of the French language with a deep commitment to Québec sovereignty.

At the park's exit, stop to take a last look at the pond and its fountain from one of the benches in the shade of the trees. Admire the lovely path to the right lined by a row of mature trees.

This exit takes you out onto De Brébeuf Street, which we will follow northward. The homes along this street were built in various architectural styles depending on the period. The most attractive are those at **4236** and **4242**. Like most of the houses typical to Montréal, these are mainly two-storey buildings. You might also see just one storey, but never more than three. The colourful balconies here are friendly and inviting. Number **4281** is a smart-looking residence in dressed stone, while the embossed stone façades of those at **4282** and **4302** gives them an air of opulence. Finally, the beautiful old features on the well-tended home at **4297**, with its blue and white dormers, are definitely worth stopping to admire. With a bit of luck, its kind owner might be sitting outside and willing to chat.

At **4354**, just beyond Marie-Anne Street East, you won't want to miss the **Mr Pinchot bakery**, a well-guarded neighbourhood secret. In addition to offering breads, pâtés and pastries, this

truly artisanal bakery sells Glacier Bilboquet ice cream—among the best in town.

At the corner of Mont-Royal Avenue, turn right. At 1256 you'll find **Diabolissimo**, founded by Isabelle and Carole, two epicureans. This gourmet Italian food store sells prepared dishes to go: homemade antipasti, pestos,

sauces and fresh pasta. They give a friendly and personalized service. I can find my way there blindfolded just by following the irresistible aromas!

Four blocks away, at the corner of Fabre, stands the **Taverne Normand**, an institution that has been part of the landscape since 1941. It has even kept its vintage charm with its turquoise walls and large **mosaic representing ice-hockey legend Maurice Richard**. It is the place to watch a televised hockey game featuring the Montréal Canadiens; the atmosphere is electric on game nights! Next door, the **Edgar Hypertaverne** is its trendy younger sister. Between the two, the **Edgar Café** is among my most recent discoveries. It sells healthy smoothies and coffee with a bike-in service—yes, you read it right: you can go in on your bike (or your rollerblades)!

If you turn back to Garnier Street and take a left, you'll discover a **typical Plateau alley**. Take the first alley to the left and then the one immediately to the right. Notice the row of sheds—some are still covered in sheet metal. These sheds were originally built to store coal; some are still even equipped with the mast and pulley system that was used to haul the coal to the top floor. Nowadays they are mostly used for storage. Like so many other Montréal alleyways, this one is criss-crossed with clotheslines. The characteristic open yards

30

Diabolissimo

31

Taverne Normand

32

Edgar Hypertaverne

encouraging neighbourly chatter and gossip were a source of inspiration for author **Michel Tremblay**, a Plateau native who grew up in the neighbourhood.

Feel free to wander through the various alleys at your will. But be warned: you can spend hours exploring, for the city of Montréal has about **450 km of these back-street paths**! They have served as playgrounds to generations of children, and on the Plateau some are even covered with grass and planted with flowerbeds and vegetable gardens.

Tired or ready for a break? Head back to Mont-Royal Avenue to grab a bus, a bike, or… to fix yourself some supper.

When I want to prepare a good meal for friends, I'm lucky to be able to find everything I need within a short distance of my doorstep. Ready?

* At the corner of Marquette and Simard, **Le Boucanier** has all you need to concoct a tasty starter: smoked fish, tartars, salmon terrines, crab and lobster. Simply dress with some crackers and voilà! It's a homey, rustic-style shop, a little off the beaten track and mainly frequented by local food-lovers.

* Back on Mont-Royal Avenue, to the right as you exit the shop, take another right to pick up a few good bottles of wine at the **Société des alcools du Québec (SAQ)** located on the corner of Papineau.

* Two hundred metres away, at 1957, across the street you'll find **William J. Walter**, my favourite sausage maker. You must try their Emmental-sausage sandwich—a true feast for the taste buds! What's more, this shop also sells over 150 microbrewed beers!

* For fresh bread, hop into the bakery next door, **Les Co'pains d'abord**, at 1965. If you like, you can also take a coffee break here or sample the day's special.

* Next door is the **Maison du rôti**, a family-run specialty butcher and deli that's been here since the late 60s. This is where I buy my meat if I'm hosting a barbecue.

* A little further down, across the street, at 2018, **Passion des fruits** is a greengrocer's that I particularly appreciate for the variety and freshness of their products.

* As for the all-important cheese board, you'll be spoiled for choice with the wide selection at **Fromagerie Hamel**, located at 2117 Mont-Royal Avenue, just past De Lorimier Avenue.

And on this epicurean note—which no visit to the Plateau would be complete without—our eastern tour of the Plateau-Mont-Royal comes to an end.

TOUR 2
THE WEST SIDE:
SAINT-DENIS STREET,
SAINT-LAURENT
BOULEVARD AND
JEANNE-MANCE PARK

START

Metro: Mont-Royal station

END

Lahaie Park

Metro: Laurier station

REFERENCE POINTS

NATURE

Jeanne-Mance Park

ART

Espace Go (mural)
4890 Saint-Laurent
Boulevard

THE GOOD LIFE

Le Continental
4007 Saint-Denis Street

The Plateau

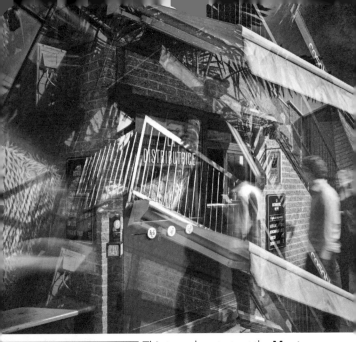

1 Mont-Royal metro station	This tour also starts at the **Mont-Royal metro station**, but this time we're going to turn left and head west on Mont-Royal Avenue towards Saint-Denis Street. True to form, I recommend starting with a coffee from the **La Distributrice**, a takeaway window at number 408. The coffee machine takes up almost all the counter space in this tiny shop! Peek in for a look.
2 La Distributrice	
3 Courir	Next, go left on Saint-Denis Street, onto the west sidewalk. I often take this street to enjoy its many café terraces. There's a striking contrast between the east and west sides of Saint-Denis. The outside staircases and architecture of the façades have been preserved on the east side, which is also the sunny side of the

street and attracts the masses as soon as the first warm rays are felt in the spring. On the west side, the buildings are much more modern. The shops I will point out to you are on this side of this street, but it goes without saying that walking along either side of Saint-Denis is always a pleasure.

At 4452 Saint-Denis, **Courir** is a specialty sports store offering expert service for bikers and runners alike. A little further down, at 4380, you'll find **Renaud-Bray**. This bookstore, which also sells CDs and DVDs, is open until 10 p.m. every night. I love to spend time browsing through the travel, photo and arts sections. They have plenty of original gift ideas, too.

If, like me, you are a decor enthusiast, drop into **Zone**, just past Marie-Anne Street at 4246; there are some great finds to be had here.

Immediately after the intersection with Duluth Avenue, across the street, a church will catch your eye. What's interesting about this church is that it is now a place of

Saint-Denis

Rivard

Mont-Royal

3
2
1

4

Marie-Anne

5

6	
Saint-Jude Espace Tonus	
7	
Le Continental	

worship… for the body and mind! Opened in the spring of 2013, the **Saint-Jude Espace Tonus health centre** is the impressive result of a project two years in the making. The complex includes a restaurant, spa and gym, all while respecting the sacred atmosphere of the site. It is, however, open to members only.

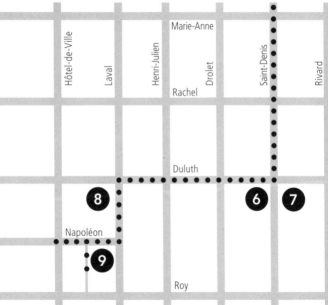

8

Laval Street

9

Burner Alley

Right opposite, at 4007, **Le Continental** has been one of my regular haunts for several years. It offers quality service as well as good food, and I'm sure to run into friends here.

To escape the traffic a bit, turn west onto Duluth Avenue, where life resumes a slower pace. After a couple of cross streets, do you see a house on the corner with an **unusual white façade** and ornate turquoise balconies? You've reached Laval Avenue, where you can now take a left. You'll notice familiar rows of **smart middle-class homes**, but these are quite different from the ones we saw in Tour 1 on Saint-Hubert Street. Here, the worked wood and colours make for a more personal and secluded atmosphere.

If you turn right on Napoléon Street and then immediately left into the first alley, you'll hit the so-called "underground" alley, or **"Burner Alley"** as it is also known, after the Burning Man event held in Nevada, described by participants as an experiment in community free self-expression and radical self-reliance. Locals

The Plateau

have laid out various kinds of recycled objects with much, shall we say, inspiration!

Back onto Napoléon Street, turn left and continue until you reach **Saint-Laurent Boulevard**, also commonly known as "The Main." This street has played a crucial role in the Plateau's

history. Around 1861, blacksmiths, craftsmen and hay merchants began to set up shop along this artery through which ran the tramways of the time. Several hotels sprouted up, and by about 1900 the street had become a thriving commercial hub, with banks, factories and various types of businesses. The

10 Coco Rico

11 Schubert Baths

boulevard was officially named "Saint-Laurent" in 1905, the same year it became **the symbolic dividing line** between the city's east and west cross streets. It also marked the border between the French-speaking community to the east and the many immigrants who settled to the west and who quickly adopted English as the language of business, in particular

12

Laïka

13

Le Réservoir

14

Santa Cruz church

the Jewish community, who specialized in food and textiles.

At the corner of Napoléon Street and Saint-Laurent Boulevard sits the hot spot **Coco Rico**, the first traditional rotisserie of its kind in Montréal. A multi-ethnic street by nature, Saint-Laurent moves through African, Jewish, and Indian influences until entering the Portuguese quarter, further north.

At 3950, you'll find the former public bathhouse: **Schubert Baths**. Today the "Schubert Pool," this Art Deco building was built around 1930 by the municipal authorities with the dual aim of promoting hygiene and giving local residents access to leisure facilities. Renovations carried out about ten years ago have preserved most of the building's original interior features.

As you continue, notice the vintage-style shops you pass. Just before Duluth Avenue is **Laïka**, a restaurant/lounge/café with trendsetting decor and music that attracts local artists and regulars. Just opposite, at number 9 Duluth Avenue, **Le Réservoir** brewpub is popular for its brunch menu and great terrace.

Keep going on Saint-Laurent Boulevard until you get to Rachel Street, then turn left towards Jeanne-Mance Park. At number 60 stands the **Santa Cruz church**, adjacent to a community centre and public plaza where residents can gather during

The Plateau

41

summer festivals organized by the Portuguese community. When Portuguese immigrants arrived on the Plateau some 60 years ago they quickly integrated into community life.

At the end of Rachel Street extends **Jeanne-Mance Park**, bordering Parc Avenue and located at the foot of **Mount Royal** and its cross. Jeanne Mance was a cofounder of Montréal and established the city's first hospital, Hôtel-Dieu, which stood in what is now Old Montréal for almost 200 years before being rebuilt in its current location southeast of the park in 1861. Opposite you, you can't miss the **Sir George-Étienne Cartier** * **monument**. On Sundays between April and October, the area around the foot of the monument is filled with the sound of drums, as tam-tam players from all walks of life gather here to hold outdoor jam sessions. There's a splendid view of downtown from this point. I think this park is a fine example of the city's fusion with nature.

If you head up Esplanade Avenue to Mont-Royal Avenue, you'll get a stunning view of the mountain.

15

Jeanne-Mance Park

16

Sir George-Étienne Cartier monument

17

Le Filet

15

Parc

Jeanne-Mance

17

Esplanade

Saint-Urbain

Clark

Saint-Laurent

Saint-Dominique

18 Mont-Royal

Marie-Anne

16

15

Rachel

15

Here, the buildings are three or even four storeys high and the gardens are well tended.

To the left, at 219 Mont-Royal, is **Le Filet**, one of my favourite restaurants, which also boasts a beautiful view of the park.

At the corner of Esplanade and Mont-Royal Avenues, tucked away in what used to be a library, are the studios and offices of the **Marie Chouinard dance company** at 4499 Esplanade Avenue. The interior has been fitted out entirely in white and is, in my opinion, an outstanding example of how premises can be transformed. I have worked with Marie Chouinard for several years, taking pictures of her performances.

18
Marie Chouinard dance company

The Plateau

43

Sir George-Étienne Cartier (1814-1873) was a member of the *Société des Fils de la Liberté* ("Sons of Liberty" society). He took part in the Lower Canada Rebellion of 1837 at the Battle of Saint-Denis. In 1914 a monument was inaugurated in honour of this Father of Confederation to mark the 100th anniversary of his birth. The house where he lived in Old Montréal is open to

19
Mà

20
Latitude Nord

21
Montauk Sofa

22
Aux Vivres

Still on Mont-Royal Avenue but turning back towards Saint-Laurent Boulevard, you can foray into the world of design by visiting my favourite shops on the south side: **Mà** (4412), **Latitude Nord** (4410) and **Montauk Sofa** (4404). On the north side is the restaurant **Aux Vivres** (4631), which serves fresh and tasty vegan-type vegetarian dishes inspired by culinary influences from around the world. At 4807, **Le Comptoir**, on the other hand, is the antithesis to Aux Vivres with its succulent cold cuts and mouth-watering brunch. I'm not afraid to admit that I enjoy both!

Not far past the **Spanish community centre** and the well-known venue **Sala Rossa**, you will come

23
Le Comptoir

24
Spanish community centre and Sala Rossa

25
Espace Go

across the unloading dock of the **Espace Go theatre** (4888), which I recently worked with. The walls of this delivery area display the impressive **mural *Quai des arts***. In 2011, in reaction to the graffiti that would appear sporadically and without permission on the walls of its delivery dock (and on the front of the theatre itself), **Espace Go** decided to turn the tables and actually encourage this art form. So it offered the space to young artists to create a fresco. These artists called on the non-profit organization **Mu** and the multi-artist collaborative project **En Masse**, both committed to public art, to create the mural that you now see before you.

Walk through **Lahaie Park** between Saint-Joseph Avenue

26 Lahaie Park

27 Saint-Enfant-Jésus church

and Laurier Avenue, where you can catch a glimpse of the magnificent **Saint-Enfant-Jésus church** with its seven-door portico. Inside are paintings by **Ozias Leduc**. This was once the centre of the old Saint-Louis-du-Mile-End village. You can stop here for a well-deserved rest, or move on for a bite to eat. The choice is yours!

28 Thai Grill

29 Chao Phraya

30 Les Touilleurs

31 Jun I

32 Juliette et Chocolat

33 La Croissanterie Figaro

Continue to the corner of Saint-Laurent Boulevard and Laurier Avenue, where I enjoy taking my family to the **Thai Grill** (5101 Saint-Laurent Boulevard). To the left on Laurier Avenue West, at number 50, is my other favourite Thai restaurant: **Chao Phraya**. Their chicken in peanut sauce with crispy spinach is delicious!

At 152 Laurier Avenue West, **Les Touilleurs** is a must for foodies like me, with their beautiful selection of cooking accessories and their expert advice. Just next door is one of the best Japanese restaurants in Montréal: **Jun I** –considered exceptional by some critics. A true gastronomic experience not to be missed!

I can't let you pass in front of **Juliette et Chocolat**, at 377, without answering the call of their chocolate lava cake with a coulis of caramel and fleur de sel, topped with ice cream. Absolute heaven!

Gourmet by nature, I end the tour on the corner of Hutchison Street and Fairmount Avenue, at **La Croissanterie Figaro**. Take a moment to sit and observe the decor. Here, everything is in the details. You could quite easily be in a Parisian bistro, and the croissants only reinforce this impression! If the weather is fine, take a seat outside on the terrace for an aperitif, a coffee or a bite to eat. After all that walking, you certainly deserve it!

Saint-Laurent

28

26 **27**

Laurier metro station

TOUR 3
MILE END:
FAIRMOUNT AVENUE,
SAINT-VIATEUR STREET
AND BERNARD AVENUE

START

Metro: Laurier station

END

Metro: Outremont station

REFERENCE POINTS

NATURE

Saint-Viateur Park

ART

Galerie Simon Blais
5420 Saint-Laurent Boulevard

THE GOOD LIFE

Les Enfants terribles
1257 Bernard Avenue

The Plateau

1

Laurier
metro station

2

Graffiti

3

Art Deco
architecture

4

Mural

Mile End is part of the Plateau-Mont-Royal borough. I like this district because it makes me feel like I'm on vacation in my own neighbourhood; the slightest detour provides a complete change of scenery. In this tour, we will zigzag the streets between Saint-Laurent Boulevard and Parc Avenue, to end just inside Outremont.

From the **Laurier metro station** platform, take the exit for Laurier Avenue/Rivard Street. Once outside, go right. Between 445 and 435 Laurier Avenue East, admire the huge **graffiti art mural** that blends so well with its surroundings.

Continue on to Saint-Denis Street, cross the intersection and then

✱ The end of the 19th century and start of the 20th marked the beginning of an era of industrialization for Mile End, following the construction of the railway line linking it to Lachine. Mostly French-Catholic to begin with, the population became more cosmopolitan with the arrival of immigrants in great numbers, including the German, Jewish and Polish newcomers, who wasted no time in building temples and synagogues. When it was annexed to the City of Montréal in 1909, the town already boasted several prosperous industries on its territory, especially those along the railroad tracks. Indeed, almost 15 percent of its residents worked in its 26 large factories.

✱ To mark its 50th anniversary, the National Theatre School of Canada teamed up with the public art organization Mu to present a gift to the neighbourhood. The fruit of this collaboration is an immense mural of over 2,000 square feet entitled *Les conteurs* (The Storytellers). It was designed by Richard Morin in 2011

immediately cross Laurier Avenue on the other side. Take a moment to turn and admire the building opposite you on the other side of the street; for me this is one of the finest examples of **Art Deco architecture** in Montréal. Recently masterfully restored, the building stands out elegantly from its surroundings, as much by its architecture as by the integration of its lighting. I simply love it.

About 100 metres further on, at the corner with Drolet Street, you'll see a **superb mural** dedicated to the performing arts. *

Next, it's on to Saint-Laurent Boulevard. To the left, **Lahaie Park** and the **Saint-Enfant-Jésus church**, which we saw in Tour 2.

**Montréal
Firefighters
Museum**

**Golden
Curry House**

**Au papier
japonais**

Graffiti

On the opposite corner, you can visit the **Montréal Firefighters Museum**. This magnificent building, which now houses both the museum and a fire station, was once the town hall of the Saint-Louis-du-Mile-End village. The museum offers a glimpse of the history of the Montréal fire service from 1860 to the present day. You can see various objects on display that were once part of life in a fire station: helmets from the different periods, bells, an old telegraph, an old-fashioned water pump and numerous pictures. Admission is free.

Our tour now makes its way north on Saint-Laurent Boulevard, to 5210, the **Golden Curry House**, which has been firmly established on The Main for years. The waiters will always find you a place to sit, at any time of day—even when it's full!

Turn back a few steps towards the south and take Fairmount Avenue, going west, to explore the specialty boutiques that I think really epitomize the charm of Mile End. Start with **Au papier japonais**, at number 24. This spot is truly unique and run by a very endearing couple. You're sure to find something out of the ordinary here; for a start, they stock over 500 different types of paper! They also give courses on papermaking, calligraphy, dyes, stencils, and binding.

Across the street, notice the striking piece of **graffiti art** covering the wall leading into the alley.

9
Blackboard

10
Fairmount Bagel

At the next intersection, on the corner of Clark Street, is a huge **blackboard**. Installed as part of the *"Le Plateau s'anime!"* summer activity program, passers-by are invited to complete the famous phrase by Boris Vian: *"I don't want to die before…"*

Take a few minutes to stop at the **Fairmount Bagel bakery**, at 74 Fairmount Avenue West. This bread baked in wood stoves and so typical to Montréal has been

There are a few stores, cafés and restaurants in this area that I'd like to share with you:

At 68 Fairmount Avenue, prepare for an unforgettable experience at **Drogheria Fine**. On the shelves are jars and jars of the best pasta sauce in town—salsa della nonna (Grandma's sauce). Through word of mouth, the different varieties of this sauce are fast becoming a staple in many Montrealers' homes. If you're in luck, the sauce will still be simmering in one of the enormous pans in the kitchen when you visit, and you might just get a taste!

Chez Vito, at the corner of Saint-Urbain Street, is a neighbourhood butcher that has been carried on from father to son for generations. I tip my hat to these local entrepreneurs who have resisted the invasion of the large chains.

At 201 Fairmount Avenue West, at the corner of Esplanade Avenue, **Arts café** serves excellent coffee. The eclectic decor inspired by various styles creates a relaxed and friendly atmosphere.

At 5210 Parc Avenue, a few doors down from Fairmount Avenue, **Damas** is one of the very few Syrian restaurants in Montréal, serving an aromatic and refined cuisine

made here since 1919. I consider these to be the best bagels anywhere, but I'll let you judge for yourself later in the tour.

Continue along Fairmount Avenue past Parc Avenue for a foray into the world of the Hasidic Jews. Here, we are at the crossroad of very different cultures! But while you're there, be sure to have some tea in the enchanting Middle Eastern decor of **Rumi Restaurant**, located at the corner of Hutchison Street.

Now take a right onto Hutchison Street, going north. Here we are at the border with Outremont, as you can see from the sign across the street.

Turning right at the next intersection, you'll have the chance, as promised, to decide which bagel gets your vote between the Fairmount bakery and **St-Viateur Bagel** here at 263 Saint-Viateur Street West.

At the intersection of Saint-Viateur Street West and Saint-Urbain, it's

11
Rumi Restaurant

12
St-Viateur Bagel

13
Club Social

14
Café Olimpico

Here are some of my tips for cafés and stores in this area:

Between Esplanade Avenue and Saint-Urbain Street are two Italian cafés that have been around since the 30s, on the south side of Saint-Viateur Street West: **Club Social** at 180 and **Café Olimpico** at 124, which used to be called Café Open Da Night (for "Day and Night"). There's always a short line-up to get in, but the service is quick and the coffee, excellent.

Between the two cafés, **Oxford boutique** sells books and shoes—with a pretty good selection of both. Next up is **Chocolats Geneviève Granbois**, at 162. The owner is a chocolate lover and connoisseur whom I've known for years. Each time I pass by, I call in to say hello and sample her mouthwatering creations.

Across the street, at the corner of Esplanade Avenue, you'll see the sign for the **Latina** grocery store. This gourmet food shop is one of my favourite places in Mile End to stock up on fruits, vegetables, cheese, fish, meat, prepared dishes, wine and beer. Despite the limited space, it really does sell a bit of everything.

When I feel like eating veggie, I stop at the **Panthère Verte**, at 66 Saint-Viateur Street West. It serves exclusively vegan and organic foods, not to mention the best falafel in town!

In a style reminiscent of the early 20th century, **Le Comptoir**, at number 21, serves an absolutely delicious clam chowder and excellent fish and chips.

14
Café Olimpico

hard not to miss the **Saint-Michel-Archange church** built in 1915 for the Irish community settled in the north of the island. To ensure it did not suffer the same fate as so many others of the time destroyed by fire, the church was built of concrete. Designed by the architect **Aristide Beaugrand-Champagne** in a Neo-Byzantine

style, it is topped by a dome and
a bell tower resembling a minaret.
Today, it has become a Polish
mission and bears the English
name of St. Michael's and
St. Anthony's.

At the corner of Saint-Viateur
Street West and Saint-Laurent
Boulevard stands a red brick
building that is home to **Ubisoft**,

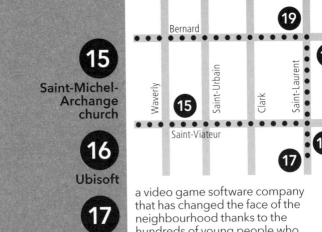

15
Saint-Michel-Archange church

16
Ubisoft

17
Galerie Simon Blais

a video game software company that has changed the face of the neighbourhood thanks to the hundreds of young people who work there and have made this area home.

Next, take a right turn onto Saint-Laurent Boulevard up to 5420, where you'll find the **Galerie Simon Blais**. The collection of this

18

Style Labo

19

Whisky Café

Bernard
Avenue

art gallery includes modern and contemporary works by Québec artists in various media such as painting, drawing, sculpture, prints and photography. This exhibition space is renowned both within Canada and around the world.

Retrace your steps back to 5765. **Style Labo** sells vintage industrial and post-industrial furniture and accessories, some of which have been restored. I can spend hours here. Be prepared for a fascinating journey back in time!

And right at the corner of Bernard Avenue is **Whisky Café**, one of the oldest institutions in town for good scotch.

At the corner of Parc Avenue, if you look to the left you will see the **Rialto Theatre,** a magnificent performance hall built in 1923-1924 and designed by architect **Joseph-Raoul Gariepy**, who was much inspired by the Garnier Opera House in Paris. The inside is breathtaking, with its painted and gilded ceiling and stained-glass dome. Absolutely spectacular! On the calendar are dinner shows, but visits are possible during the morning.

Once you cross Hutchison Street everything changes—from the architecture to the signage and streetlamps. This sharp contrast is an indication that you are now entering the borough of Outremont. At this intersection, at 387 Bernard Avenue, you'll find

20

Rialto Theatre

21

Maïko sushi

22

Royal York Apartments

Maïko sushi. Opened in 1997 by Madame Maïko, its chef and proprietor, this well-established sushi restaurant was one of the first of its kind to arrive in Montréal.

At 1100-1144 Bernard Avenue, stop a moment in front of the **Royal York Apartments**, an elegant residential building that dates back to 1928 and was designed by architects **Jean-Julien Perrault** and **Joseph-Roméo Gadbois**.

About 250 metres further on, at 1248 Bernard Avenue, stands the **Outremont Theatre**, built in 1929. Since its official reopening on March 20, 2001, it has offered an impressive program of cinema, dance, music and theatre events.

I have a few friends who own businesses on Bernard Avenue that I would like to dedicate some space to.

First, **L'Assommoir**, at number 112, is a cosy little spot, great for a bite to eat or a drink. The deli meats and ceviche platters to share are a great choice when going as a group.

Next, **Nonya**, at 151. Upon entering this lovely Indonesian restaurant, you'll see a picture of children on the wall; it's one of mine, taken in Bali, which I sold to the owners in 1999.

23

Outremont Theatre and Prêt-à-manger counter

It also houses chef Ian Perrault's gourmet take-out counter, **Prêt-à-manger**. I like to stop off here to pick up the ingredients for a picnic in nearby **Saint-Viateur Park** (go a few steps back down the street and right onto Bloomfield Avenue). With its pavilion and pond, this beautiful park is definitely worth the detour.

De L'Épée
Querbes
Durocher

21

Parc

Jeanne-Mance

Waverly

Saint-Urbain

Bernard

22

Hutchison

20

24

Saint-Viateur
Park

25

Glacier
Bilboquet

26

Outremont
metro station

27

Les Enfants
terribles

We will end our tour on a sweet note, at **Glacier Bilboquet**, 1311 Bernard Avenue. Between March and mid-May, I especially recommend their maple ice cream, but the choice is yours; no flavour will leave you indifferent!

Finally, walk back to Outremont Avenue and turn left. When you get to Van Horne Avenue, go left again to reach the **Outremont metro station**, a few steps away.

I hope I have inspired you by sharing my passion for the Plateau. Who knows? Perhaps one day I'll run into you, as you explore these captivating streets and sights with my guide in hand...

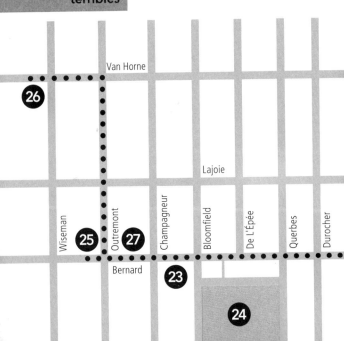